LA REINA DE LA
Distracción

VERGARA

TERRY MATLEN

LA REINA DE LA
Distracción

Sobre cómo las mujeres que padecen TDAH pueden
conquistar el caos, enfocarse y ser más productivas

TRADUCCIÓN DE JOSÉ MAXIMILIANO JIMÉNEZ ROMERO

VERGARA

MÉXICO · BARCELONA · BOGOTÁ · BUENOS AIRES · CARACAS
MADRID · MONTEVIDEO · MIAMI · SANTIAGO DE CHILE

Título original en inglés:
The Queen of Distraction

La reina de la distracción
Primera edición en México, octubre 2015

D. R. ©2015, Terry Matlen
D. R. ©2015, Ediciones B México, por la traducción
        Traducción de José Maximiliano Jiménez Romero
D. R. ©2015, Ediciones B México, S. A. de C. V.
        Bradley 52, Anzures DF-11590, México
        www.edicionesb.mx
        editorial@edicionesb.com

ISBN 978-607-480-896-4

Impreso en México | *Printed in Mexico*

A los amores de mi vida:
Jerry, mi esposo
Kate y Mackenzie, mis hijas
y Helen, mi madre
...quienes me hacen reír, llorar y todo lo demás.
¡Cuánto los adoro!

PREFACIO

Desde hace veinte años tengo el placer de conocer a Terry Matlen de forma profesional y personal como su mentora y colega. La vi convertirse en una respetada e influyente autoridad en materia de adultos con TDAH (Trastorno por Déficit de Atención con Hiperactividad), así como en una de los pocos expertos en Estados Unidos que entienden los particulares desafíos y experiencias de las mujeres que padecen dicho trastorno gracias a su pionero trabajo en la red, sus escritos, su trabajo con los medios, su afiliación a consejos de organizaciones nacionales de TDAH, y a sus tutorías y presentaciones.

A nivel personal, Terry comparte con su audiencia, lectores y clientes sus propias experiencias con el TDAH de manera sincera y generosa. Esta sabiduría y conocimiento profesionales configuran la totalidad de su trabajo y le permiten transmitir los matices y sutilezas de lo que significa ser una mujer con TDAH: lejos de dar sólo consejos y fórmulas, el nuevo libro de Terry combina el gusto por la investigación con la comprensión de las vivencias íntimas de este grupo de mujeres.

Conocí a Terry mientras escribía mi libro *Mujeres con trastornos por déficit de atención*, que se publicó originalmente en 1995. Algunas mujeres con esta distintiva química cerebral y calidad de vida comentaron que, en el libro, pudieron ver sus experiencias más secretas reflejadas a detalle por primera vez; eso desató oleadas de emoción en las lectoras, así como un interés profesional por las mujeres comúnmente no diagnosticadas y que no se ajustaban al estereotipo de niños hiperactivos prevaleciente en aquel tiempo. Como psicoterapeuta, me enfoqué en lo que les pasa a las mujeres que no pueden cubrir ciertas expectativas de rol de género debido a sus obstáculos; de este modo exploré la vergüenza y la culpa resultantes, que además las alejan de sus fortalezas, sus sueños y una vida satisfactoria.

Con esta perspectiva leo todo lo que se escribe para y sobre las mujeres que padecen TDAH. Usualmente los libros, artículos o presentaciones para este público se enfocan sólo en los síntomas externos o en estrategias que no tienen relación con la problemática real o que no consideran las emociones que se entretejen de forma tan íntima con las dificultades de padecer TDAH. Por lo tanto, las mujeres en busca de ayuda terminan siendo víctimas de la frustración y el fracaso. El nuevo libro de Terry, *La reina de la distracción*, incluye las piezas que faltaban para conectar estrategias efectivas con lo que le pasa a las lectoras, a la vez que reconoce que utilizar estas estrategias es mucho más complejo que simplemente comprar una buena agenda o tomar medicinas.

Terry proporciona descripciones detalladas y soluciones en áreas de gran impacto para mujeres con TDAH, tales como ir de compras, vestirse u ordenar la casa. A pesar de que identifica con claridad estos problemas, su texto no parece reprochar, avergonzar o estereotipar, sino que muestra un amplio respeto por la lucha de quienes sufren este trastorno. Terry afirma con relevancia que las mujeres con TDAH no deben definirse a sí mismas a partir de los retos que enfrentan.

Terry presenta su libro con humor, mediante historias memorables y reales de mujeres con TDAH, y con un tono cálido y agradable que ayuda a las mujeres a sentirse comprendidas y aceptadas. Su honestidad es en extremo terapéutica. Su franqueza impulsa a las mujeres que en secreto han vivido por mucho tiempo con TDAH a aceptarse de la misma manera en que Terry aprendió a hacerlo; las lectoras logran alcanzar ese sentido de pertenencia y comprensión que les faltaba en su vida.

La reina de la distracción es amplio en cuanto a los puntos que toca, con una estructura bien organizada que permite a las mujeres diagnosticadas con TDAH que lo lean con facilidad, lo asimilen y se identifiquen con su contenido. El libro va más allá de simples soluciones, definiciones, diagnósticos y estereotipos, y presenta una visión auténtica y acertada dotada de una postura fresca y original. La metáfora de triaje o clasificación que Terry utiliza en varias áreas de desafío, en cuanto al desorden, por ejemplo, es especialmente cautivadora e interesante y una forma útil de priorizar y realizar las acciones necesarias.

Ya sea que recientemente te hayan diagnosticado el trastorno o desde hace años, te recomiendo ampliamente que leas este libro de principio a fin. Después de eso, tenlo a la mano para consultarlo cuando necesites una buena consejera como Terry. De igual manera, ábrelo siempre que te sientas abrumada o vulnerable, cuando necesites un recordatorio, como todas necesitamos de vez en cuando, de que tus dificultades son reales, que se originan en tu cerebro, que no son resultado de tu carácter o de tus defectos, y de que hay una innumerable cantidad de mujeres que comparten este viaje contigo.

Sari Solden
Maestra en ciencias
Terapeuta matrimonial y familiar con licencia

AGRADECIMIENTOS

Este libro no habría sido posible sin Melisa Valentine y el equipo de New Harbinger Publications. Gracias por encontrarme y otorgarme su confianza. Muchas gracias también para mi asesora y editora, Jeannie Ballew de Edit Prose, quien ayudó a pulir mis palabras y estuvo conmigo en las buenas y en las malas; no podría haber hecho esto sin tus consejos de experta y tu cálido apoyo.

Quisiera también agradecer a Sari Solden, cuyo revolucionario trabajo en esta área me incitó a ponerme la meta de ayudar a otras mujeres con TDAH. Siempre estaré agradecida por tu generosa motivación y apoyo.

También agradezco a quienes se me han acercado durante estos años para compartir sus historias, sus penas y sus éxitos. Todas ustedes me han enseñado mucho; son mi gran inspiración: ¡nunca pierdan la esperanza!

A mi querida madre, Helen Wachler, quien diario me decía cuán orgullosa estaba de mí mientras escribía este libro (¡incluso a mi edad!). Tuve la suerte de haber sido criada por una madre que alentó la creatividad y que me dijo que tendría éxito en lo que hiciese, sin importar mis calificaciones. Y a mi padrastro, Norman

Wachler, por la estabilidad que le proporcionó a nuestra familia y la sabiduría que nos regaló por años.

A mis extraordinarias y maravillosas hijas, Kate y Mackenzie, gracias por ser las luces de mi camino. No hay palabras para expresarles mi amor. ¡Ustedes hacen que mi vida sea grandiosa!

Y para Jerry, mi queridísimo esposo, mi apoyo, mi mejor amigo y compañero de pesca, gracias por tu paciencia, tu respaldo, por confiar en mí y animarme durante el año que este libro me absorbió. Gracias por tu amor inquebrantable, tu capacidad para hacerme reír a carcajadas incluso después de todos estos años... y por toda la comida que por fortuna llegó a nuestra mesa.

INTRODUCCIÓN

Yo he estado en la misma situación que tú. Por más de cuarenta años viví con TDAH (Trastorno por Déficit de Atención con Hiperactividad) no diagnosticado.

Cuando mis hijas eran pequeñas, decidir qué hacer de cenar cada noche, así como hacerlo, constituía una empresa titánica. Me enfrentaba a pilas de ropa sucia porque me costaba demasiado descifrar los aparentemente sencillos pasos de separarla, lavarla, secarla y doblarla para guardar. Era típico despertar y encontrar en la lavadora un montón de ropa apestada a humedad porque se me olvidaba ponerla en la secadora. Evitaba hablar por teléfono porque, si no podía ver la boca de quien hablaba, no me podía concentrar en las palabras y mi mente se perdía en la lejanía. Mi casa siempre estaba desordenada, los recibos no se pagaban a tiempo y, una y otra vez, siempre me preguntaba: *¿cómo pude obtener dos grados académicos, si no puedo ordenar siquiera diez papeles? ¿Qué me pasa?*

Descubrir que tenía TDAH y buscar ayuda cambió mi vida de maneras que jamás habría imaginado. Al aumentar la confianza en mí misma tras aprender más sobre el TDAH y cómo me afectaba, comencé a moverme con sigilo en una nueva y emocionante vida que incluía esto llamado TDAH. Aprendí que mi trastorno no me define, sino que explica muchas de mis peculiaridades y dificultades. Ya que noté cuán diferente y mejor se tornaba mi vida, quise ofrecer esperanza a otras mujeres con TDAH; mujeres como tú que tal vez vivan avergonzadas, odiándose a sí mismas o llenas de frustración.

Desde mediados de los noventa he desempeñado varias funciones trabajando con adultos con TDAH. Por muchos años fui voluntaria en Niños y Adultos con Trastorno de Déficit de Atención/Hiperactividad (CHADD, por sus siglas en inglés) y en la Asociación del Trastorno de Déficit de Atención (ADDA, por sus siglas en inglés). Dirigí grupos de apoyo en internet y lancé <http://ADD-consults.com> (en inglés) donde he podido conocer y orientar a cientos de hombres y mujeres en línea. Esto me llevó a escribir mi primer libro, *Survival Tips for Women with ADHD* (*Consejos de supervivencia para mujeres con TDAH*). ¿Quién hubiera imaginado que la tímida y susceptible mujer que tanto disfrutaba estar encerrada en su cuarto leyendo terminaría dictando conferencias sobre gente con TDAH para cientos de personas en todo EUA?

Mi intención es que este libro sirva para ayudar a otras mujeres con TDAH quienes, como yo, hayan batallado con los síntomas del trastorno: vivir en el desorden, llegar tarde, quemar la comida, sentirse constantemente agobiadas. Yo soy prueba viviente de que, a pesar de tu TDAH, puedes seguir adelante y encontrar la felicidad y el éxito. No, no es sencillo. Se necesita mucho trabajo y perseverancia. Pero se puede lograr.

Espero que este libro te motive a iniciar tu propia travesía y a darte cuenta de que el TDAH que sufres es sólo una pequeña parte de lo que eres. La información y los consejos que se presentan a continuación te iniciarán en el proceso de convertirte en la persona que estás destinada a ser. Después de todo, sólo hay que dejarla salir.

Nota de la autora: A lo largo del libro usaré pronombres masculinos para referirme a las parejas, lo cual es sólo por conveniencia; no busco excluir a lectoras con parejas del mismo sexo.

CAPÍTULO 1

A TODO ESTO, ¿QUÉ DIANTRES ES EL TDAH?

Liz y Ale eran mejores amigas desde la guardería, les gustaba decirse hermanas, aunque no se parecieran en nada. Liz era alta, morena, delgada y pensativa, mientras que Ale era baja, atlética, energética y muy activa. Ahora ambas tienen treinta y tantos años. Durante todo este tiempo, Ale ha pasado por muchos empleos mal pagados y se ha presentado en teatros locales y festivales musicales los fines de semana. La despidieron una y otra vez por su ineficiencia: por no entregar proyectos a tiempo, por llegar tarde casi diario o por no llevarse bien con sus colegas. A Liz, por su parte, dar clases la ha mantenido constantemente agobiada, casi tanto como sus dos hijos, en extremo activos.

Un fin de semana de otoño, Liz y Ale fueron a una cabaña en Canadá, estaban felices por escapar de sus problemas aunque fuera por unos días. Al llegar, Liz se acostó en una hamaca cerca de la playa con una novela en sus manos y de inmediato se quedó dormida. Cuando despertó, Ale no estaba por ninguna parte. Liz imaginó lo peor: *A lo mejor se la habían llevado las olas. ¿Habría sido un oso? ¡Tal vez se perdió!* Trató de llamarla a su celular, pero Ale no contestó. Horas más tarde, cuando Liz estaba al borde de un ataque de ansiedad, Ale entró por la puerta trasera con una gran sonrisa de oreja a oreja; le contó que había visto un zorro, tortugas mordedoras, lagartos, y muchas otras cosas en su paseo por los alrededores. Liz la fulminó con la mirada y le dijo cuán preocupada había estado; Ale paró en seco. Una vez más, le había fallado a una amiga con sus actos impulsivos. Se sentaron, hablaron seriamente y lo dejaron pasar. Bueno, Ale lo dejó pasar. Sin embargo, Liz pasó un buen rato meditando la aparente falta de consideración de su amiga y se agobió de pensar en cómo iba a resultar ese fin de semana juntas.

¿Te suena conocido el comportamiento de alguna de estas dos mujeres? Ale es pura diversión y aventura, siempre está en movimiento, como un torbellino, dejando cosas que ya no sirven y relaciones olvidadas a su paso. Liz experimenta todo con intensidad y se preocupa por los detalles; con frecuencia se pierde en su vasto universo de ensueño, en donde se refugia a menudo, mientras la vida se le va por la ventana. Se distrae con mucha facilidad, deja gran cantidad de proyectos incompletos que podrían dar muestra de sus intereses y actividades más recientes. Tal vez tú, como Ale y Liz, tienes TDAH adulto. En este capítulo, revisaremos lo que actualmente se entiende por TDAH, los diferentes tipos que hay y los muchos nombres que se le han dado a lo largo del tiempo.

Los elementos básicos del TDAH

El Trastorno por Déficit de Atención con Hiperactividad (TDAH) es un trastorno neurobiológico (es decir, una irregularidad en la biología del sistema nervioso) que se caracteriza por la disfunción de la función ejecutiva (FE) y de autorregulación, lo cual provoca falta de atención, hiperactividad/impulsividad o una combinación de ambas. Para que el trastorno se diagnostique, debe haber iniciado en la infancia y causar deficiencias en uno o varios contextos del individuo (trabajo, hogar, etcétera). Veamos más de cerca los resultados de la disfunción de la función ejecutiva.

¿Quién de nosotras jamás ha tenido problemas para escribir la primera oración de un trabajo o una carta importante? No es fácil, pero la mayoría hemos superado ese obstáculo mental después de un tiempo, así como hemos puesto en práctica la compleja habilidad de planeación y organización necesaria para escribir trabajos finales, desarrollar proyectos laborales, concebir las remodelaciones de la cocina o separar la ropa blanca de la de color. La función ejecutiva es el nombre rimbombante dado a un grupo de tareas mentales esenciales que nos ayudan a desempeñar esas labores:

- Planear.
- Proyectar.
- Organizar.
- Identificar metas.
- Poner atención a detalles importantes.

La función ejecutiva, el panel de control de tu cerebro, principalmente se ocupa de determinar cómo se va del paso A al paso B y al paso C; desempeña una actividad similar a la de las vías que mantienen a un tren en la dirección correcta aunque se detenga, vuelva a avanzar y gire, para llevarlo a su destino.

Además de deteriorar la función ejecutiva, el TDAH también empobrece la autorregulación. Según el Dr. Russell Barkley (2013), experto internacionalmente reconocido en materia del TDAH, los adultos con este trastorno suelen:

- Distraerse con facilidad ante estímulos.
- Tener dificultades para abandonar comportamientos o actividades que les resultan atractivas o de interés.
- Tomar decisiones impulsivas.
- Desatender instrucciones al iniciar un proyecto.

- Olvidar promesas o compromisos.
- Ignorar el orden a seguir para determinada tarea.
- Manejar a gran velocidad.
- Desesperarse con actividades tranquilas de esparcimiento.

Estos síntomas son ejemplos de cómo el TDAH afecta a las mujeres, ya que abarcan básicamente todas las áreas de la vida cotidiana. Aunque "función ejecutiva" y "autorregulación" parezcan términos de textos especializados, es suficiente con saber que estos comportamientos por descuido son de hecho originados en el cerebro, y que hay una explicación completamente racional de por qué haces lo que haces.

Con ustedes, las tres variantes de TDAH

El TDAH (comúnmente llamado TDA, o Trastorno por Déficit de Atención) es un vocablo que comprende tres variantes de TDAH. Aunque en la mayoría de los casos el trastorno es genético, una persona puede *contraer* el TDAH por alguna lesión en el cerebro, una enfermedad o por exposición a sustancias tóxicas antes del nacimiento. Es importante decir que una crianza deficiente, ver demasiada televisión o llevar una dieta determinada no causa TDAH.

A pesar de que ni Ale ni Liz han sido diagnosticadas con TDAH, ambas presentan los síntomas tradicionales. Revisaremos estas manifestaciones más adelante, después de presentar las variantes:

- Hiperactividad/impulsividad.
- Inatención.
- Combinado.

La variante más común es la combinada, la cual, como el nombre indica, mezcla síntomas de hiperactividad/impulsividad e inatención. Repasemos cada variante y las manifestaciones más generales de cada una.

Variante de hiperactividad/impulsividad

Esta variante se caracteriza por la incesante actividad mental, verbal o física que se puede prolongar sin considerar las consecuencias. Con regularidad, este comportamiento no es tan evidente en adultos como lo es en niños. Responde las siguientes preguntas para saber si presentas alguna de estas conductas o las tendencias que se describen:

- ¿Te cuesta trabajo terminar de leer un libro?
- ¿En las reuniones estás inquieta, golpeteas con los dedos o agitas lo pies?
- ¿Dices cosas sin pensar e interrumpes a los demás, o te han dicho que hablas demasiado?
- ¿Tienes dificultades para relajarte?
- ¿Te gustan las actividades extremas, incluso si son peligrosas?
- ¿Comes de más, gastas de más, todo de más?
- ¿Dejas rastros de "cosas" por todos lados?
- ¿Hay veces en que te sientes socialmente fuera de lugar?

Aunque todos los adultos tienen algunos de estos problemas, un adulto con TDAH los presenta con mayor frecuencia y le resultan conflictivos. Si varios de estos inconvenientes interfieren con tu vida diaria, podría ser hora acudir a una valoración médica.

Variante de inatención

Una mujer que padece de esta variante del TDAH por lo común lleva una vida más tranquila y más interna que la de su contraparte hiperactiva/impulsiva; es propensa a soñar despierta, se abruma de forma crónica, se preocupa y analiza demasiado. Las mujeres inatentas tienden a la inactividad o prefieren las actividades tranquilas, pero muchas poseen cerebros hiperactivos que piden estimulación a gritos. Es importante entender que ambos tipos del trastorno presentan síntomas en común. Contesta las siguientes preguntas que describen los síntomas más usuales presentados por los adultos con la variante de inatención del TDAH:

- ¿Te cuesta trabajo poner atención a los detalles?
- ¿Cometes errores por descuido?
- ¿Eres penosa?
- ¿Te sientes sin ganas de hacer nada la mayor parte del tiempo?
- ¿Padeces de hipersensibilidad?
- ¿Te aburre continuar con una misma actividad (a menos que te interese mucho)?
- ¿Tienes mala memoria?
- ¿Observas los labios en movimiento de la gente pero sin poner atención a lo que dicen?
- ¿Tienes dificultades para seguir o entender indicaciones?
- ¿Evitas tareas que exigen mucho esfuerzo?
- ¿Te distraes con facilidad?
- ¿Se te olvida dónde dejas las cosas?

A todos se nos pierden las llaves o nos dispersamos en conversaciones aburridas de vez en cuando. Sin embargo, si presentas varios de los síntomas descritos arriba y éstos te perjudican en algún sentido, es momento de que te evalúen para determinar si tienes TDAH de inatención.

Variante combinada

Una mujer que padece de la variante combinada del TDAH presenta síntomas de inatención e hiperactividad/impulsividad, pero no los suficientes de una sola variante como para diagnosticar de forma decisiva una de las dos. Las mujeres de este grupo tienden a estar apuradas pero también a siempre estar como soñando, pues se pierden en su imaginación y no notan las particularidades de sus trabajos y sus vidas cotidianas.

Se debe tener en cuenta que hay muy pocos estudios que describen las variantes del TDAH en adultos, y los síntomas de las tres categorías pueden yuxtaponerse; no obstante, saber cuál variante podrías tener será de ayuda para ti y tu equipo de terapeutas. Por ejemplo, las mujeres que presentan el trastorno de inatención son más propensas a deprimirse que las que padezcan la variante hiperactividad/impulsividad, así que los médicos deben estar pendientes de las manifestaciones de depresión que también deben atenderse.

Si revisamos los casos de Liz y Ale, se puede notar que Liz padece TDAH por inatención, está ensimismada, es distraída e introvertida, mientras que Ale presenta con claridad la variante combinada, ya que tiene síntomas de hiperactividad/impulsividad (de inmediato corrió al lago) pero también de inatención (no consideró los sentimientos y necesidades de Liz). Si este embrollo terminológico te parece confuso, no te preocupes: no eres la única. ¡Ni siquiera los expertos se ponen de acuerdo en todo!

¿El TDAH es una enfermedad, una condición médica o un nuevo canal de televisión?

El TDAH se ha definido de tantas maneras que, después de oírlas todas, dirás: ¿podría la definición verdadera dar un paso adelante? Estas explicaciones van desde "un mínimo daño cerebral" hasta "una reacción hipercinética de la infancia o adolescencia". A comienzos del siglo XX, algunos doctores como el pediatra británico sir George Frederick Still (1902) aseguraron que los niños que presentaban síntomas semejantes a los del TDAH tenían un "defecto moral". Años después se creía que habían sufrido lesiones cerebrales. En los sesenta se comenzó a pensar en un síndrome de comportamiento cuyo origen era biológico. A finales de los setenta, los médicos clínicos se enfocaron en la posibilidad de que no sólo los niños sino también los adultos presentaran el trastorno, y en los ochenta el interés pasó de la mera hiperactividad a identificar el déficit de atención (Lange et al. 2010). Actualmente se le conoce como trastorno por déficit de atención/hiperactividad (TDAH), aunque muchos simplifican la terminología al sólo llamarlo trastorno por déficit de atención (TDA). Ambas formas son aceptadas.

Además de pelearse con la terminología, los expertos también han tratado de determinar si el TDAH es un trastorno neurobiológico del cerebro, una enfermedad o una condición médica. Un estudio publicado en el *Journal of Neuropsychiatry and Clinical Neurosciences* (*Periódico de neuropsiquiatría y neurociencias clínicas*) afirma que sí existen diferencias químicas entre un cerebro con TDAH y uno sin este trastorno (Courvoisie et al. 2004). Por lo tanto, que sea un trastorno, una enfermedad o una condición médica es un asunto semántico, sin embargo es importante saber que cada persona diagnosticada con TDAH posee fortalezas y dificultades diferentes. No hay dos individuos que presenten exactamente los mismos síntomas de TDAH.

En un intento por "llevarse bien" con el TDAH, algunas personas lo describen como un "don", pero aún no existen estudios sólidos que demuestren esto, y las opiniones profesionales están encontradas. El Dr. Russell Barkley (2010) rechaza la noción de que el TDAH sea un don "o que esté relacionado con aspectos positivos de la vida". En la semblanza biográfica de su página web, el Dr. Edward Hallowell, experto en la materia, sugiere que, más que un trastorno, el TDAH es un "don difícil de descubrir", y lo considera como una condición médica que puede ser controlada para que las habilidades, la creatividad y los dones verdaderos puedan relucir.

Una destreza o aptitud que por lo general resalta es la de pensar más allá de lo requerido. Quienes trabajamos en el campo del TDAH nos damos cuenta de que una gran parte de nuestros clientes hacen esto de manera natural, lo cual no quiere decir, sin embargo, que tu capacidad para pensar en varias cosas o tu TDAH sea siempre una ventaja. Con frecuencia esto interfiere con los modos de expresar tu creatividad. En el caso de Ale, el trastorno que padece se interpuso entre ella y el éxito en su carrera musical. Su sueño de conformar su propia banda y escribir canciones originales se esfumó; simplemente no se llevaba bien con los demás ni terminaba lo que iniciaba cuando se proponía escribir una melodía nueva.

Mientras los investigadores tratan de determinar qué es exactamente el TDAH, es evidente que "trastorno por déficit de atención con hiperactividad" es un nombre poco apropiado, ya que no existe un *déficit* de atención sino una falta de *control* de la atención. Puede ser que no tengas la paciencia para archivar papeles por más de diez minutos, pero eres capaz de navegar, con mucha concentración, en internet por horas, ya que eso atrae tu interés. Algunas personas incluso lo llaman de manera graciosa "trastorno por excedente de atención", dada la rapidez con que cambian quienes sufren TDAH su atención de una cosa a otra, según lo que les interesa o las distrae. La atención puede ser dispersa, difusa o muy directa, pero rara vez algo entre estos extremos.

Desde lo personal y lo profesional, yo me inclino por pensar que el TDAH oscila entre la definición del Dr. Barkely y la del Dr. Hallowell. El TDAH puede ser una gran limitante para quien lo padece, pero con tratamientos adecuados muchas personas logran demostrar su potencial y aprovecharlo. La clave está en encontrar la ayuda apropiada.

Si aún no te han diagnosticado, tal vez ahora al menos tengas la curiosidad de someterte a alguna prueba. En ese caso, podrías preguntarte qué hacer primero. Mi consejo es que antes que nada veas a tu médico de cabecera o a algún médico general para que te realicen una revisión integral. Debes asegurarte de que los síntomas que presentas no son atribuibles a un problema físico, como a actividad excesiva o insuficiente de la tiroides, alergias o algún trastorno del sueño. Si no se detecta nada, entonces deberías hacerte una evaluación de TDAH. Dado que, desafortunadamente los médicos aún no entienden el TDAH adulto del todo, sería conveniente buscar a alguien (psiquiatra, psicólogo, neurólogo o algún otro especialista en salud mental) que tenga experiencia en el trastorno. A muchos adultos, en especial a mujeres, se les diagnostica depresión porque varios de los síntomas son iguales a los del TDAH; incluso podría presentarse depresión además del TDAH porque las constantes frustraciones en distintos contextos causan que la vida se torne caótica, que el desempeño sea insuficiente y que la autoestima disminuya. El TDAH no viene solo, por lo tanto es probable que también padezcas algún otro problema, como depresión, ansiedad o conductas adictivas, lo cual también debe atenderse. Por eso es necesario buscar un especialista que se encargue de la situación.

El tratamiento para el TDAH adulto suele constar de medicamentos (cuando se recetan), asesorías, capacitación, asistencia (en grupos de apoyo, por ejemplo) y entrenamiento, el cual busca reforzar ciertas habilidades pragmáticas comunes que se ven afectadas por el trastorno. De igual manera, los entrenadores ayudan a mejorar en cuestiones de administración del tiempo, organización y procrastinación, así como enseñan a abandonar malos hábitos para aprender estrategias más sanas y efectivas dentro de estas áreas. Consulta a tu médico para obtener más recursos e información sobre dichas opciones. Si no estás segura de padecer TDAH y te interesa saber más acerca de cómo recibir un diagnóstico competente o explorar las distintas alternativas de tratamiento, puedes encontrar varios detalles en mi sitio web <http://ADDconsults.com>.

Después de ser diagnosticada, de comenzar el tratamiento y de leer libros como éste, comprenderás por qué ha sido tan difícil desempeñarte en distintos ámbitos. Por ejemplo, una de las quejas que escucho con mayor frecuencia es en relación con el desorden del hogar. Sin embargo, esto no tiene nada que ver con tu carácter o con defectos de personalidad: es simplemente el resultado de cómo funciona tu cerebro. Por lo tanto, manos a la obra porque, a continuación, veremos cómo vencer al *monstruo del desorden*.

CAPÍTULO 2

MI VIDA ESTÁ EN ALGUNO
DE ESTOS MONTONES

Ale maldice. El enojo se convierte en furia mientras busca por toda la casa el citatorio de la corte por la multa de tránsito que recibió. Con la mandíbula tensa, se recrimina por no haberlo puesto en su nueva carpeta de pendientes. Llama a la corte y le notifican que faltó a la cita y por lo tanto está a punto de perder su licencia. El desorden gana uno a cero. De nuevo.

¿Qué es exactamente el desorden? Para algunos es que haya tres recibos sobre la barra de la cocina. Para quienes padecemos TDAH, desorden significa que hay tres *metros* de papeles en donde no debería haber nada. Por desgracia es posible que, por presentar TDAH, midas tu valor con base en cuán desordenada está tu casa, tu lugar de trabajo o incluso tu auto. Eso se vuelve tu obsesión, tu peor enemigo, el recordatorio perpetuo de que no tienes el control de tu vida, de que no tienes la capacidad de conservar limpio tu espacio, como el resto del mundo. Es posible que siempre hayas escuchado cosas como: "¿Por qué no arregla sus pertenencias?" "¿No le importa que nos afecte a todos?" "¿Por qué es tan descuidada?" "¡Qué sucia!". Y probablemente te hayas tomado a pecho estos comentarios tan dolorosos, despectivos y negativos a lo largo de los años, al grado de fragmentar tu autoestima y de preguntarte "¿qué me pasa?".

El desorden y la constante falta de organización crean un infierno para las mujeres que padecen TDAH, un abismo sin fondo que amenaza con engullirlas a diario. Un cerebro cuya función ejecutiva se ve afectada por el TDAH le da la misma importancia a todo, por lo que los conceptos de separar, seleccionar y mezclar representan un gran desafío. A pesar de que las actividades cotidianas más simples pueden ser importantes obstáculos para una mujer con TDAH, con regularidad se espera, si tiene pareja o hijos, que también funja como la administradora del hogar y se encargue no sólo de su propio desastre, sino del de sus hijos y cónyuge. Este capítulo proporciona detalles sobre los factores cerebrales que ocasionan la falta de organización y desorden, sobre los conflictos emocionales que resultan, y presenta algunas estrategias pragmáticas para mantener al monstruo del caos a raya.

¿Qué tiene que ver mi cerebro con el desorden de mi casa?

Desastre. Desorden. Desorganización. Éstos no son defectos de personalidad: son manifestaciones de cómo funciona un cerebro con TDAH. La falta de función ejecutiva está en directa relación con lo arduo que es detener la acumulación de papeles, juguetes, utensilios de cocina y ropa mientras van a dar de la mesa, del escritorio y del clóset al suelo. La deficiencia en la función ejecutiva es un rasgo general de los adultos que padecen TDAH. No es raro que tu entorno esté lleno de trastos porque a tu cerebro se le dificulta determinar el *orden*, la *manera* y el *momento* en que algo debe hacerse. Los circuitos de tu cerebro no pueden establecer prioridades (*¿Primero pago el recibo o mando las invitaciones para la boda?*), enfocarse por mucho tiempo en tareas "aburridas" (*el* *papeleo es aburrido; mejor busco un videojuego*) o clasificar (*¿lo archivo en "auto", o en "recibos pagados"?*).

¿También te cuesta trabajo iniciar o detener una tarea? De ser así, no eres la única: para iniciar es necesario priorizar y tomar decisiones. Detenerse es difícil porque, una vez que logras involucrarte en lo que haces, probablemente te concentres en exceso, pierdas la noción del tiempo (se sienten como cinco minutos pero resultan ser treinta, o viceversa) y tengas problemas para pasar de una actividad a otra. Todo esto una y otra vez. Piensa en los síntomas más comunes que vimos en el primer capítulo: impulsividad, inatención, procrastinación, dificultad para la transición y mala memoria. Revisemos cada uno con más detalle.

Impulsividad

Ves algo en la tienda y lo compras sin darte cuenta que no lo necesitas, no tienes dónde guardarlo o, peor aún, ya tienes otros iguales. ¿Y luego? La nueva adquisición llega a la mesa y ahí se queda por semanas, meses o años, hasta que un día te das tiempo de pensar qué hacer con ella. Para entonces decides que lo podrías devolver, pero o ya perdiste el ticket o es demasiado tarde para hacerlo.

Inatención

Al igual que con la impulsividad, ves algo que te gusta (unos zapatos, por ejemplo) y lo compras sin pensar que no combina con nada en tu guardarropa. O en una venta de garaje aprovechas una súper oferta, la cómoda perfecta para almacenar todas las cosas que acumulas pero no tienes dónde poner, sin embargo no anticipas que ya no cabe ninguna cómoda en tu casa. O cada miércoles estás muy concentrada viendo un programa y olvidas sacar la basura, por lo que ahora tienes desperdicios de tres semanas que apestan tu jardín.

PROCRASTINACIÓN

Procrastinar también puede ser una causa del desorden. Lo ves, vives con él, te recuerda lo difícil que es mantener tu espacio limpio. Si no determinas dónde poner tus cosas o te resulta muy difícil o demasiado aburrido diseñar un sistema para acomodarlas y optas por no hacer nada de momento, ahí se quedan, a tus pies, muchas veces para siempre.

Hace algunos años, cuando necesitaba conformar un estudio en casa, contraté a un organizador profesional que me enseñó algo tan fundamental que me sorprendió no haberlo comprendido antes: *todas tus pertenencias deben tener un hogar.* Si hay un lugar para cada objeto, el desorden se vuelve menos problemático. El caos empieza cuando no sabes qué hacer con las cosas o cuando tienes duplicados de artículos que olvidaste que tenías. Al tener espacios asignados, sabrás dónde pertenece todo lo que quieras ordenar.

DIFICULTAD DE TRANSICIÓN

Con el TDAH viene otro dilema: la incapacidad de pasar de una actividad placentera a una desagradable, como ordenar cosas. Para la mayoría de las mujeres que padecen TDAH, hacer ciertas tareas es demasiado aburrido, y esto es definitivo. Es mucho más atractivo trabajar en un álbum de recortes, jugar en la computadora o ver una película, que arreglar la casa. Y si la casa está llena de distractores, doble problema. Agrégale una pareja o hijos y el caos crece en proporciones épicas porque tu atención se mueve de un lado a otro.

¡NO RECUERDO DÓNDE DEJÉ MIS MEDICINAS!

Como mujer diagnosticada con TDAH, te debe costar mucho acordarte de dónde dejaste algo; o si sabes que lo guardaste, probablemente olvidas dónde, puesto que no lo ves por ningún lado, lo cual nos lleva a la primera máxima de la adicta al desorden: *¡Tengo que verlo para recordar que lo tengo!* En cuanto a problemas de memoria, si un objeto está fuera de tu campo visual también está fuera de tu mente. Pero con seguridad, de niña te enseñaron que debes guardar tus pertenencias para que nadie tuviera que verlas, y ahora abarrotas cajas, armarios y cajones. O las amontonas sobre una superficie plana con lo que llamo un "sistema horizontal de archivo": una cosa sobre otra hasta que se desparraman en todas las direcciones. ¡Bienvenida al derrumbe del TDAH!

Incluso si tienes la intención de organizar tus cosas, suele hacer falta una catástrofe (como no encontrar tu pasaporte con un viaje en puerta) para decidir que *tienes* que arreglar tu dormitorio. Pero entonces, ¿por dónde empezar? ¿Simplemente comienzas a archivar papeles de forma aleatoria, a meter objetos en cajas o a tirarlos a la basura? El desastre se vuelve tan agobiante que te rindes y bajas la cabeza.

¿Qué emociones desata el desorden?

Si padeces TDAH, y en especial si no te lo has tratado de manera adecuada, es muy probable que vivas en el desorden. Seguramente te criaste en el desorden. Tal vez en tu cuarto siempre había montones de ropa por todo el piso; tus juguetes estaban esparcidos por toda la casa; el trabajo escolar se apilaba en tu escritorio; y es casi un hecho que tus padres, hermanos y maestros te criticaban por no mantener cierto orden. Después de escuchar comentarios negativos al respecto por años, quizá relacionas tu desorden con las palabras que escuchabas el crecer: "perezosa", "descuidada", "egoísta" o cosas peores.

Es posible que hayas crecido preocupada por lo que la gente piensa de ti. A lo mejor tu autoestima recibió algunos golpes y eso te condujo a la ansiedad y la depresión. ¿Te llegaste a preguntar, por ejemplo, cómo obtuviste un título universitario si ni siquiera puedes organizar tu cocina o tu armario? Tu interioridad refleja tu exterior: una vida de caos en la que a diario sufres de ansiedad porque no encuentras lo que necesitas. O tal vez compensaste de más tu falta de pulcritud natural al convertirte en una perfeccionista. Si es así, ¿cuál es el costo emocional y físico que has pagado?

Primeros auxilios en caso de desorden

Martin Luther King Jr. dijo: "da tu primer paso con fe; no es necesario que veas toda la escalera: sólo da el primer paso". Por lo tanto, separemos el proceso de organización en pasos sencillos. La próxima vez que recojas un pedazo de papel, un utensilio de cocina o cualquier objeto doméstico y no sepas en dónde ponerlo, pregúntate "¿cuál es el lugar más apropiado para esto?". Idealmente debe ser donde se utiliza con regularidad. Los guantes deben ir cerca de la estufa; los recortes de revistas en una carpeta en tu estudio. Lleva el objeto a su área y asígnale un espacio. Si sigues pasos sencillos disminuirás la agonía de tener que tomar tantas decisiones simultáneas mientras tratas de poner orden.

Triaje del desorden

Una de las cosas más difíciles de decidir cuando tienes que organizar un espacio es dónde comenzar y cómo establecer prioridades. Para simplificar este problema recurrente, utilicemos el concepto médico de triaje para priorizar acciones con base en la gravedad del problema. Por ejemplo:

A. ¿Te estás desangrando y necesitas auxilio inmediato para sobrevivir mientras te llevan a la sala de emergencias?

B. ¿Padeces de un grave problema de salud como para necesitar un trasplante de hígado que requiere de una cirugía o medicación, pero que puede esperar unos meses?

C. ¿Tienes la nariz torcida, lo cual no pone en riesgo tu vida, y por lo tanto puedes esperar para someterte a una cirugía reconstructiva?

Ahora revisemos tu desorden doméstico desde la perspectiva del triaje:

A. ¿Hay algo que necesites atender de inmediato, o de lo contrario podrías enfrentar problemas serios en tu bienestar y supervivencia?

B. ¿Qué cosas necesitas tener presentes porque son importantes, aunque no urgentes?

C. ¿Cuáles objetos pueden permanecer desordenados hasta que tengas tiempo y energía para arreglarlos?

Así, cuando te preguntes por dónde empezar, piensa en encontrar y organizar lo más importante y urgente, como el recibo de la luz, la renta, el seguro o los materiales que necesitas para la presentación que preparas. Una vez que hayas ubicado esto en algún lugar, encárgate de la pila de libros que debes devolver a la biblioteca para no pagar multas por retraso. Por último, revisa los alimentos enlatados y deshazte de los que ya caducaron.

La mayoría de los libros y sitios de internet que prometen ayudarte con los problemas de desorden proporcionan infinidad de soluciones. Como experta, asesora y escritora en materia del TDAH, considero que si una mujer diagnosticada con TDAH ve la palabra "desorden" u "organización" en el título de un libro, sin duda correrá a comprarlo, ya que siempre está en busca de una solución milagrosa a este perenne problema. Sin embargo, a pesar de las buenas intenciones, la mayoría no entendemos el punto. Los libros nos dan buenos consejos, pero además hay que entender cómo se enfrenta el problema a nivel emocional y físico. Una sencilla introspección puede proveer perspicacia, herramientas y recomendaciones para manejar tu entorno y poder controlar el desorden. También hay que recordar que un tratamiento médico adecuado en la dosis apropiada ayuda al cerebro a afrontar el caos y a que seamos más sistemáticas.

Hazle caso a la sabiduría de tu cuerpo al momento de priorizar

Además de poner en práctica el triaje del desorden, puedes simplificar el proceso de priorización tan sólo con aprender a *escuchar* a tu cuerpo. Pregúntate: *¿Qué parte de mi desorden me está haciendo sentir tan mal?: ¿La maleta que aún no desempaco desde mis vacaciones de hace tres meses? ¿El tiradero de papeles que veo cada vez que entro a la cocina? ¿Las verduras podridas en el refrigerador?*

Será más fácil organizarte si analizas lo que sientes en lugar de todo lo que has internalizado porque te lo dicen tu cónyuge, tus padres, hermanos, maestros, amigos y jefes. Comienza con estas preguntas: *¿Dónde me duele? ¿Qué necesito para sentirme bien física y emocionalmente? ¿Que haya leche en el refrigerador para que yo o los niños puedan desayunar mañana, o llamar a la tía Renée para desearle un feliz cumpleaños atrasado?* El estrés se manifiesta de forma física en tu cuerpo, ya sea por migrañas, tensión muscular, insomnio, dolor de estómago, etcétera. Por lo tanto, si ver una maleta sin desempacar te hace sentir mal corporalmente, ése es el momento de poner manos a la obra.

Después de hablar sobre las prioridades, vayamos directo al grano con algunos consejos para resolver el desorden y la falta de organización. Lo más importante es que evites sentirte ansiosa, estresada, enferma o deprimida frente al caos. Para eso es necesario identificar las áreas que potencialmente te generan más angustia diaria.

El punto de partida y el kit de supervivencia

Con base en el concepto de triaje del desorden, los temas y recomendaciones de este capítulo están organizados de lo más a lo menos estresante. Para muchas mujeres, el momento con mayor caos del día es cuando hay que salir de casa para ir al trabajo o, en caso de que tengan hijos, llevarlos a la escuela. Una forma de aligerar el ajetreo matutino es establecer un punto de partida para cada miembro de la familia (tú incluida) cerca de la puerta. Ahí deberás colocar el kit de supervivencia de cada uno; éste debe contener todo lo necesario para el día. El tuyo, por ejemplo, deberá tener:

- Teléfono móvil.
- Llaves.
- Bolso.
- Lentes.
- Portafolios.
- Accesorios como bufandas, paraguas, guantes.

El kit de supervivencia de los niños podría incluir lo siguiente:

- Mochila.
- Libros.
- Almuerzo.
- Bocadillos.
- Accesorios como gorros, bufandas, chamarras o guantes.

A los niños que padecen TDAH les resulta muy efectivo tener un punto de partida, ya que se trata de algo innovador y divertido, y los estimula de forma visual y táctil: no sólo ven los objetos, sino que también los tienen que agarrar. Cuando se trata de aprender y recordar, mientras más sentidos se involucren, mejor. En cuanto al desorden de artículos escolares, todos los días revisa, junto con tus hijos, sus mochilas para sacar la comida que haya sobrado, la basura y demás cosas innecesarias.

Percheros y compartimentos

Una buena táctica para designar un punto de partida para toda la familia es instalar un perchero sencillo, así como un organizador con compartimentos junto a la puerta. Coloca en los compartimentos el kit de supervivencia de cada quien. Cuando un miembro de la familia salga, tendrá que buscar en su compartimento los objetos que necesita llevarse; de igual manera, al regresar, todos (tú incluida) deben acostumbrarse a dejar sus pertenencias nuevamente en los compartimentos y a colgar las chamarras y mochilas en el perchero. El compartimento es para artículos escolares o de trabajo; si no hay espacio suficiente para zapatos y botas, puedes colocar un estante en el piso, cerca del perchero.

Estaciones de recarga

Algo que puede ser muy buen complemento para los puntos de partida es una estación de recarga. En ella puedes almacenar los aparatos electrónicos a la vez que cargas las pilas. (Además, si los dejas ahí, te evitas el problema de los niños, o de los padres, que mandan mensajes, revisan correos o navegan en internet a la hora de la comida.) Existen varias alternativas para establecer una estación de recarga. Algunas personas usan cajones pequeños para guardar duplicados de llaves u objetos parecidos, así que la estación también podría contener tu kit de supervivencia. Etiqueta los cajones según el caso o considera usar una taza, tazón o plato hondo llamativo para poner los artículos del kit.

Anticipa con éxito

Contar con puntos de partida y kits de supervivencia para todos es un gran primer paso, pero resulta aún mejor si planeas el lanzamiento; es decir, es mucho mejor tener listos los kits de supervivencia una noche antes (si eres una persona nocturna) o muy temprano en la mañana (si eres más matutina). Haz una lista de cosas que recordar para ti y para cada miembro de la familia a quien le podría ser útil el sistema de recordatorios; así garantizarás que todos tengan lo necesario en sus kits de supervivencia antes de salir de la casa. Sin embargo, hacer listas en papeles sueltos puede contribuir al desorden, por lo que podrías encontrar otras estrategias. Una de mis clientas, por ejemplo, trabaja con un *Boogie Board,* que es una pequeña pizarra electrónica en la que puedes garabatear y que puedes comprar en línea. (Busca *Boogie Board* en Google o en <http://ADDconsults.com>.) Puedes anotar recordatorios, listas y mensajes, y después sólo apretar un botón para borrar. Este artefacto es muy útil para recordar qué poner en los kits de supervivencia cada día. Dado que los venden en varios colores, cada quien podría elegir uno diferente. Cuando tus hijos crezcan, puedes incitarlos a que ellos mismos escriban las listas de sus kits. Para mantenerlos interesados, agrega recuadros junto a cada artículo de la lista para que los palomeen o tachen cuando coloquen los objetos en el kit. (Otra alternativa es usar listas de papel.) Éstos son otros objetos que podrías listar en los *Boogie Boards* de tus hijos:

- Dinero para el almuerzo.
- Libros (menciona cada uno).
- Documentos para firmar.
- Notas, tales como "recuerda preguntarle a tu maestra sobre el permiso para ir a la excursión".

Estas herramientas no son sólo para recordarte que debes mantener los puntos de partida y los kits de supervivencia preparados; igual funcionan para cualquier otra cosa, desde listas para el supermercado, notas para miembros de la familia hasta mensajes telefónicos.

Usa tu teléfono como oficina móvil

Los teléfonos inteligentes de hoy en día también incluyen gran cantidad de instrumentos para organizarte. La sencilla aplicación de las notas puede usarse para recordar muchísimas cosas, como qué regalos hay que comprar, tallas de ropa, fechas de cumpleaños o cuándo necesitas cambiar el aceite del auto.

Toma una foto: grábatela

Los apoyos visuales son muy provechosos para las personas que padecen TDAH. Dado que la mayoría de los teléfonos inteligentes incluyen cámaras, puedes usar el tuyo (o una cámara en sí) para tomar una foto de tu punto de partida, o de los kits de supervivencia individuales, a modo de recordatorio visual. Ahí se deben mostrar los artículos básicos que hay que incluir: celular, llaves del auto, lentes, tareas, bocadillos, etcétera. Incluso podrías imprimir las fotografías y pegarlas sobre los puntos de partida para que todos puedan recordar qué necesitan en sus kits de supervivencia. Si plastificas las fotos, éstas durarán más, lo cual es muy conveniente si tienes hijos pequeños. Conozco a una señora que tiene una fotografía laminada de todas las medicinas que toma junto a los frascos, lo cual le ayuda a llevar cierto orden y a saber qué medicamento le toca. Alguna estrategia parecida debería funcionar para los miembros de tu familia que estén en tratamiento médico. Los apoyos visuales sirven para indicar qué hay que tomar y cuándo.

En este mismo sentido, las fotos del teléfono celular son una buena manera de recordar dónde estacionaste tu auto: simplemente captura el número de cajón o pasillo, o algún punto de referencia cercano, como señalamientos o edificios. Puedes usar cualquiera de las estrategias visuales de arriba para ayudarte a mantener todo a tu alrededor organizado.

Por algo se llama papeleo

La petición que más escucho decir a las mujeres diagnosticadas con TDAH es "¡por favor, ayúdame con el papeleo!". Necesitan auxilio con el trabajo que implica el papel: recibos, revistas, facturas, dibujos de los niños, circulares, etcétera. Para las mujeres con TDAH, el papeleo es como morir tras una tortura de tedio.

SERVICIOS MÉDICOS DE URGENCIAS PAPELERAS

Aunque muchos libros que ayudan a la organización promocionan el uso del método denominado "sólo atiéndelo una vez" (Only Handle It Once) para controlar el exceso de papeles, creo que esto es poco realista con respecto a las mujeres que padecen TDAH. Usar la mecánica del triaje con el papel y enfocarse primero en lo que es más importante es muy útil. Pregúntate: "¿de qué me tengo que encargar inmediatamente?".

¿Recuerdas que tus dificultades con la función ejecutiva a veces complican el proceso de tomar decisiones, clasificar y priorizar? Por eso el papeleo es tan problemático para la mayoría de mujeres que tienen TDAH; sin embargo, el triaje ayuda. Volvamos al enfoque del triaje de desorden, pero esta vez aplicado al papeleo.

■ *Primera etapa: emergencia, documentos urgentes con fechas límite*

Compra o designa un contenedor para almacenar los *documentos urgentes con fechas límite.* Aquí se incluyen papeles como los siguientes:

- Recibos: hipoteca, servicios, seguro, etcétera.
- Renovaciones: licencia de conducir, mensualidades, etcétera.
- Permisos (para los hijos): excursiones, equipos deportivos, comprobantes médicos.

El contenedor puede ser un bote de plástico transparente o un cesto de mimbre, tela, metal, plástico o lo que tengas disponible. Etiquétalo para recordarte qué hay adentro (por ejemplo "ojo", "urgente" o "importante", o algo que te parezca llamativo). Archiva aquí los papeles que necesiten tu *atención inmediata,* en comparación con los documentos que son importantes pero deben permanecer guardados por más tiempo, como tu documento de voluntades anticipadas o algún poder notarial. ¡Lo principal es que el contenedor sea visible! Cuando te lleguen papeles importantes, ábrelos, verifica la fecha límite y apúntala en el frente de cada sobre antes de guardarlos (en orden cronológico con la fecha más próxima hasta adelante) en tu archivero especial. Consérvalo cerca de donde normalmente te ocupas de los recibos y de todo el papeleo.

Si te entusiasma la idea del cesto de emergencia, genial, porque ahora por fin tendrás todos tus documentos importantes en un solo lugar. Además, si estás muy inspirada para la organización y usas un contenedor de buen tamaño, podrías emplear carpetas para separar tus documentos en grupos; puedes rotularlos y utilizar un código de colores, por ejemplo:

- Carpeta verde: recibos listos para pagarse.
- Carpeta amarilla: papeles que debes firmar.

Los documentos más importantes ya están arreglados. Vamos a la etapa dos.

■ Segunda etapa: cirugía general, los siguientes documentos más importantes

Ahora busca otro contenedor para los documentos del siguiente grupo: los que requieren algún tipo de respuesta de tu parte pero no son urgentes. De igual manera, puedes separarlos en grupos o tenerlos todos juntos. En otras palabras, si no respondes a la invitación del *baby shower* de tu amiga, podrías herir sus sentimientos, pero tu familia no se morirá de hambre. Rotula el contenedor con algo indicativo, como "responder cuanto antes". Aquí archivarás documentos que no son cruciales para tu salud o bienestar:

- Invitaciones a fiestas.
- Ofertas de servicios.
- Renovación de suscripciones.
- Solicitudes de voluntariado.
- Solicitudes de donación.
- Recordatorios de juntas (después de anotarlo en tu agenda).
- Eventos escolares.
- Recordatorios de mantenimiento (de tu calentador o auto, por ejemplo).

¡Ahora te puedes relajar! Tus papeles más importantes están organizados por prioridad. Sólo no olvides los otros documentos que necesitarán tu atención en algún momento. Ésa es la etapa tres.

■ *Tercera etapa: cirugía reconstructiva,*
documentos pendientes

Este contenedor únicamente debe tener archivos que no van en ninguno de los otros contenedores. Sin embargo, sí necesitarás revisarlos más adelante:

- Revistas.
- Catálogos.
- Promociones en tiendas.
- Circulares.
- Cupones o trípticos informativos.
- Fotos.
- Actualizaciones de pólizas: tarjetas de crédito, sitios web, servicios.
- Dibujos de los niños o proyectos escolares.

Etiqueta el contenedor con algo que indique de qué se trata, algo como "para leer después".

Y ahora date una palmadita en la espalda porque ya pasó la peor parte. No obstante, te hace falta un sistema para guardar archivos importantes que necesitarás en el futuro, por eso sigue la etapa cuatro.

■ *Cuarta etapa: recuperación,*
documentos para futura revisión

El último contenedor es para artículos que quieres conservar pero que no sueles usar a menudo o por mucho tiempo. Esto puede estar en un archivero dentro del armario; por lo común se trata de documentos muy importantes pero que no requieren de alguna respuesta, como:

- Expedientes médicos: rayos x, diagnósticos, análisis.
- Documentos de vivienda: papeles de la hipoteca, planos, presupuestos.
- Pólizas de seguro: de vida, de vivienda, de auto, etcétera.
- Cartas personales o dibujos y escritos de los niños (se reubican aquí después de que los viste en la tercera etapa).
- Datos de la mascota: carnet médico, guías de cuidado, etcétera.

Lo más conveniente es poner todo lo demás, en especial lo que no tenga algún uso, o el correo basura, directamente en el bote de reciclaje.

Importante: Todos los documentos como acciones, contratos, fondos de ahorro, testamentos, poderes notariales o pólizas de seguro de vida deben depositarse en una caja de seguridad en casa o en el banco.

Todo papel que caiga en tus manos debe ir en uno de estos cuatro contenedores. Si no pertenece a ninguno, ¡entonces deshazte de él!

Si lo necesitas, asígnate un periodo limitado de tiempo para conservar correos, revistas, catálogos y otros papeles en un quinto recipiente antes de separarlos dentro de las cuatro categorías de arriba. Algún artículo decorativo, como una canasta tejida, por ejemplo, puede hacer que tus montones de papel sean menos ofensivos a la vista. Ésta es una técnica más realista para administrar el papeleo que, de otra manera, permanecería desacomodado en alguna mesa antes de perderse por ahí.

Si la vida te da papeles, haz muñecas de papel (es broma)

Aunque tengas muchas ganas de hacer manualidades con todos los papeles que lleguen a tus manos, eso sólo ocasionará más caos. En vez de eso, intenta seguir alguno de estos consejos para evitar morir aplastada por una avalancha de papel:

- Ten papel adherente para notas y una pluma cerca del teléfono de la casa. Después de cada llamada o cuando recuerdes algo importante, escríbelo. Lleva una bitácora general de todas las notas en tu estudio o donde hagas el papeleo (con una libreta sencilla es más que suficiente) y no dejes que salga de esa habitación. Escribe la fecha en cada página de la bitácora. Todas las noches junta las notas adheribles y pégalas en la página correspondiente de la bitácora. Ya no tendrás que buscar pedazos de papel y contarás con un buen sistema para encontrar información importante.
- Reserva una pared completa de tu estudio o donde hagas papeleo para tener tus papeles a la vista: una mitad como tablón de anuncios y la otra como pizarra. Mientras más veas los papeles, con más seguridad te pondrás a trabajar con ellos.
- En lugar de un escritorio pequeño, usa mesas largas en tu estudio para tener espacio suficiente y poder hacer el papeleo mejor. Puedes poner archiveros pequeños debajo de las mesas.
- Consigue portacartas llamativos y otros organizadores en internet. Puedes roturarlos como "niños", "recibos", etcétera.
- Consigue una compañera de trabajo para enfocarte en lo que necesitas. Invita a alguna amiga a tu casa a leer, tejer, pagar recibos, escribir, lo que sea, para que tengas compañía mientras haces tus tareas más tediosas.

- En el área de suministros de tu oficina, toma una muestra de lo que se guarde en algún contenedor y colócalo por fuera para recordarte qué hay adentro.
- Si tienes hijos:
  - Págales para que archiven papeles cuando tengan la edad suficiente.
  - Guarda sus trabajos escolares o proyectos de arte en portafolios debajo de sus camas. Al final de cada año académico, saca todos excepto uno. Si es muy difícil deshacerte de ellos, toma fotos antes de tirarlos o consérvalos para usar como papel para envolver. Otra alternativa: haz un collage grande por año escolar.
  - Instala un revistero (como los que hay en los consultorios médicos) a su altura detrás de las puertas de sus cuartos o en sus puntos de partida para enseñarles a administrar sus propios papeles.
- Busca consejos para ordenar papeles en revistas o en sitios web. Guarda los que sean útiles: recórtalos y comienza a hacer tus colecciones, ya sea en la computadora o en carpetas.

Para muchas de nosotras no es fácil atender el papeleo, pero con sistemas y estrategias nuevas te sorprenderá cuánto va a disminuir el desorden en casa y en tu vida. Disfruta tu nueva libertad... ¡y usa un poco del tiempo libre para encargarte del quehacer que has evitado!

Y por algo se llama quehacer

Si bien es grandioso tener los papeles organizados, también es necesario atacar el desorden y la limpieza que se necesita en la casa. En esta sección, comparto mi aproximación especial a la limpieza ("limpieza de visión láser") y algunas especificidades para que tu cocina y estudio sean espacios donde se pueda trabajar y vivir. Pero cuando se trata de limpiar, ¿por dónde empiezas?

Limpieza de visión láser

Los obstáculos para priorizar dificultan la elección del lugar donde se empieza a limpiar. Ahí es cuando el agobio llega, con lo que inicia la procrastinación y, antes de que te des cuenta, la resistencia que pones es enorme. Por lo tanto, propongo un método que llamo "limpieza de visión láser": comienzas a limpiar un área de un cuarto y continuas en el sentido de las manecillas del reloj. Al hacer esto, no pierdes la secuencia por recoger las cosas del cuarto contiguo, lo cual te lleva a otro cuarto, con lo que te comienzas a estresar, a distraer, o a sentir como un ratón en un laberinto. El método de visión láser te ayudará a ocuparte de una tarea hasta que la consigas. ¡Ahora vayamos a la cocina, donde te mostraré cómo limpiarla en sólo tres pasos!

La cocina del caos

Hasta aquí hemos visto consejos para enfrentar los dos inductores principales de estrés: salir de la casa y ordenar pilas de papeles. En tercer lugar está una cocina desastrosa. Aparte del dormitorio, pasamos la mayor parte del tiempo en la cocina, que suele ser el lugar más desordenado de la casa. Tratamos de mantenerlo tan despejado como podemos, pero, a pesar de nuestras intenciones, se nos puede salir de las manos con mucha rapidez y facilidad. Muchas de nosotras tenemos el hábito de dejar bolsos, correo, llaves y cualquier cosa sobre la barra en cuanto entramos, lo cual se acumula antes de que pase mucho tiempo y nos vuelve locas. Entonces, ¿dónde empezar? Usa el método de limpieza de visión láser (ver arriba) y sigue estos tres pasos:

■ *Paso 1: despeja el fregadero*

"Alerta, alerta, no habrá comida hasta que limpiemos el fregadero" (dice la sirena de emergencia). Para poder cocinar algo, lavar los trastes y despejar el fregadero es una prioridad.

■ *Paso 2: retira todos los objetos innecesarios*

Una vez que el fregadero y los trastes están listos, pasas a cirugía general. Sigue moviéndote en el sentido de las manecillas, en serio, y quita de la barra y la mesa cualquier artículo que no pertenezca ahí. Esto es importante: *¡no salgas de la cocina!* Consigue bolsas de plástico o papel, o canastas, y cuando encuentres correo, juguetes, maquillaje, lo que sea que no corresponda ahí, ponlo en una bolsa o una canasta. "Agrupa" los objetos: por ejemplo, cosas que van en tu estudio en una bolsa, juguetes en otra.

■ *Paso 3: pon las cosas en el lugar correspondiente*

Ya que la cocina esté lista, y *sólo* cuando esté lista, lleva de una en una las bolsas a los cuartos o espacios a los cuales pertenecen. Para evitar subir y bajar escaleras, lleva todas las cosas que necesiten ir arriba al pie de la escalera, para así subirlas todas juntas.

Ahora la cocina está limpia y presentable; al menos las partes que puedes ver. ¿Pero qué pasa con las gavetas? ¿También necesitan orden? La idea es organizarlas de modo que sean prácticas para *ti*.

Cómo ordenar gavetas

Para organizar las gavetas, saca todas tus cajas de zapatos viejas y reutilízalas como especieros. Puedes hacer que las especias sean más fáciles de encontrar al pegar etiquetas en la parte superior o a un costado de cada botella o lata y escribir la primera letra, junto con la fecha de caducidad. Utiliza repisas deslizables, si hay disponibles, para almacenar los artículos y encontrarlos con facilidad. Actualmente, incluso hay refrigeradores que ya las tienen instaladas. Compra charolas giratorias para las gavetas inferiores. Si tienes repisas profundas, utiliza contenedores para distintos grupos de alimentos; así será más fácil guardarlos y encontrarlos. Por ejemplo, utiliza un contenedor para sopas enlatadas. Quítale la etiqueta a una lata y pégala en el contenedor para ubicarlo. ¡De esta manera, sabrás qué hay allá atrás, en la oscuridad! Visita mi sitio web <http://ADDconsults.com>, para saber los nombres de productos específicos y las tiendas donde puedes conseguirlos.

Ahora tu cocina está completamente ordenada. Vayamos al estudio y ordenemos lo que hay ahí.

Estudio

Para las que trabajan en casa o simplemente tienen infinidad de proyectos, papeles y archivos, recomiendo contratar a un organizador profesional para que les ayude a empezar. Dado que yo pasaba mucho tiempo en mi estudio, era necesario que un profesional evaluara mi espacio y la distribución del cuarto, y desarrollara un sistema para mantener mis cosas organizadas. Si no encuentras un profesional, considera comprar suficientes archiveros cuyos cajones tengan fondos, ya que he notado que con los mecanismos colgantes los folders o carpetas suelen caerse y esparcen todos los papeles en el suelo. La otra ventaja de que haya fondos es que, si tienes mecanismos colgantes, puedes resguardar cosas debajo de los archivos. Si tu estudio es un dormitorio que no se usa, agrega repisas en el armario y utiliza el espacio para almacenar, o guarda artículos de oficina en una carpeta plástica con compartimentos en tu archivero.

Ten en cuenta que puedes utilizar la banca en línea y hacer pagos de recibos por internet. Esto no sólo reduce la cantidad de papel que se acumula, sino que también hará que pagar sea más fácil en general. Algunas empresas incluso envían correos electrónicos para recordarte tus pagos, lo cual es otra ventaja.

Consejos adicionales

Ahora veamos algunas sugerencias para que la organización y limpieza sea más tolerable en general. Éstos te ayudarán con tus quehaceres:

- Establece tu propia "zona desordenada". Esto te absuelve de pensar que todos los rincones de tu casa deben estar ordenados e impecables.
- Establece "zonas pulcras" que deben permanecer así siempre.
- Intercambia con los miembros de la familia; permuta "ordenar" por alguna otra actividad que no te moleste hacer.
- Haz parejas; puede ser más fácil recordar (y completar) tareas cuando las haces de dos en dos:
    ▸ Revisa las mochilas de tus hijos mientras los ayudas con la tarea.
    ▸ Guarda los trastes cuando empaques los almuerzos.
    ▸ Saca la comida podrida del refrigerador el día que pase la basura.
    ▸ Cuando dobles ropa, ve televisión o escucha música (y luego inicia una guerra de calcetines con la familia y diviértete).
- Hazlo divertido.

Hemos cubierto muchos temas en cuanto a las maneras de controlar el desorden, pero en la realidad esto será complicado para muchas de nosotras. ¿Cómo puedes vivir con desorden sin que afecte tu autoestima?

¿Tan malo es el desorden?

Si defines quién eres a partir de la cantidad de desorden que hay en tu vida, y como resultado te enojas, te deprimes o te pones ansiosa, entonces el desorden tiene control sobre ti y tu autoestima. En lugar de darle demasiada atención a tus deficiencias, aprende a vivir con un poco de desorden y desorganización. No es el fin del mundo. Como dice en su blog (2012) el Dr. Ned Hallowell, experto en materia de TDAH y coautor del innovador libro *TDA: Controlando la hiperactividad (Driven to Distraction)*, "mejórate lo suficiente como para organizarte y alcanzar tus metas; la clave aquí es 'lo suficiente'. Eso no implica que tengas que ser muy organizada, sino sólo lo suficiente para lograr tus objetivos". Libérate de tu idealizado hogar perfecto y concéntrate en tus fortalezas. ¡Eres mucho más valiosa que tu desorden!

CAPÍTULO 3

¡NOTICIA DE ÚLTIMA HORA! MUJER ENTRA EN CRISIS EN EL PASILLO DE ALIMENTOS CONGELADOS

Hace como diez años decidí hacer una cena de pascua en mi casa para demostrar que, en efecto, era lo suficientemente "adulta" para recibir invitados. La cena de pascua incluye más o menos diez platillos diferentes. Armada con todo tipo de estrategias contra el TDAH, ya sabía exactamente lo que haría para tener éxito con el menor estrés posible. Llamé de inmediato a la empresa local especialista en menús para días festivos. ¡Ja! Esto sería pan comido.

El gran día llegó. Pasé a recoger lo equivalente a un pago de la hipoteca en cajas de comida y lo puse en el maletero. Cuando llegué a casa, volví a revisar todo una vez más para asegurarme de que la casa estuviera presentable. A las 5:30 p.m. me acordé de encender la estufa. Abrí el refrigerador para sacar la comida que había comprado y me detuve en seco: no había comida en el refrigerador. Mi mente se aceleró. *¿Quién tomó toda la comida? ¿Por qué alguien haría algo así?* Entonces caí en cuenta de que una gran cantidad de deliciosa comida recién hecha se había quedado en la cajuela del carro durante siete horas. En lugar de fingir que se trataba de recetas especiales a la salmonela, tiré toda la comida y les llamé a mis invitados, presa del pánico, para improvisar el primer bufet de pascua de la historia con platillos de todos los asistentes.

Esta anécdota es sólo una pequeña muestra de los tipos de retos a los que se enfrentan las mujeres que padecen TDAH. Esto es especialmente común en mujeres casadas y con hijos, pero también en mujeres solteras que viven con la expectativa de que "deberían" ser capaces de preparar una comida deliciosa para sus amigos de vez en cuando. Muchas esposas y madres, incluso quienes tienen una pareja que las apoya y que está dispuesta a ayudarlas, se ven obligadas a preparar la comida todos los días, sin mencionar el desayuno, el almuerzo (incluyendo el de los niños para la escuela) y la cena en días festivos y ocasiones especiales. Cuando fallamos, nuestra autoestima se ve realmente afectada y nos preguntamos: *¿qué me pasa? Todo el mundo puede preparar una cena sin gran esfuerzo; ¿por qué yo no puedo ni siquiera decidir qué preparar?*

Normalmente las niñas observan a sus mamás en la cocina e integran esas habilidades en sus propias vidas, pero ¿qué pasa si esa niña padece TDAH y no puso atención a las actividades que realizaba su mamá en la cocina? ¿O qué pasa si su mamá también padecía TDAH y a ella también le costó trabajo? Aunque no lo creas, todo lo relacionado a la preparación de alimentos necesita de una buena función ejecutiva. Hay que hacer un plan para ir de compras, lo cual requiere un proceso de selección, organización y elección de entre, literalmente, miles de opciones en la tienda de abarrotes. En la cocina se tiene que administrar el tiempo y hacer varias tareas a la vez para preparar un número de platillos que estén listos al mismo tiempo. Para seguir una receta, hay que desglosarla en pequeños pasos, algo que la mayoría de las personas pueden hacer sin ningún problema, pero si además le sumamos la presión de atender a los demás, sobre todo en días festivos, el estrés se vuelve por completo abrumador. Es entonces cuando las mujeres que padecen TDAH terminan por servir un desastre en lugar de un bacalao.

En la primera parte de este capítulo se describen los retos más comunes a los que se enfrentan las mujeres que sufren de TDAH a la hora de preparar una comida. La segunda parte ofrece una gran variedad de soluciones para ayudarte a dominar esta tarea cotidiana.

Preparación de alimentos: lo último en deportes extremos

La tarea diaria de planear un menú es algo natural para muchos, pero para una mujer que padece TDAH esto puede alcanzar proporciones monumentales. Sería más fácil intentar ganar el Tour de Francia bajo una terrible tormenta de nieve y con las agujetas atadas entre sí... todos los días. La mayoría de la gente no se da cuenta de todas las pequeñas tareas involucradas en la preparación de alimentos, muchas de las cuales requieren una función ejecutiva saludable:

- Planear el menú.
- Hacer las compras.
- Almacenar los alimentos.
- Cocinar.
- Limpiar.

Vamos a desglosar cada uno de estos pasos para ver lo que incluyen:

Planear menús es para debiluchos

La mayoría de las mujeres que padecen TDAH te dirán que planear una comida es maravilloso en teoría. Muchas también te dirán que no tienen idea de lo que prepararán hasta que sean las 5 p.m., cuando empiezan a batallar para improvisar algo para comer, por ejemplo ¡huevos revueltos! O el clásico cereal con leche, si tienen suerte de encontrar una leche que no esté cortada. Planear una comida no parece cosa de otro mundo, ¿verdad? Pues lo es para quienes sufren de TDAH.

¿Por qué planear una comida es como hacer malabares con doce pelotas mientras andas en patines? Porque la gente que padece TDAH tiene dificultades con la función ejecutiva y con las áreas de la memoria operativa en su cerebro. En el texto *The Important Role of Executive Functioning and Self-Regulation in ADHD* ("La importancia del rol de funcionamiento ejecutivo y la auto-regulación en el TDAH"), el Dr. Russel Barkley (2011), experto y autoridad en materia del TDAH, explica la función ejecutiva como "ese proceso neuropsicológico necesario para solventar la solución de problemas enfocado a una meta". La memoria activa, que es la habilidad de retener información en tu mente durante algunos minutos y hasta algunas horas, es la base de la función ejecutiva; te permite planear con anticipación, organizar, poner atención y resolver problemas. Planear una comida consiste en ir del primer paso al segundo paso, y después al tercer paso sin distracciones que te puedan desviar del objetivo.

Sobrecarga sensorial en el pasillo de abarrotes

Muchas mujeres que padecen TDAH son hipersensibles a la estimulación. Esto puede causar que un simple viaje al supermercado se sienta como estar en medio de Times Square en víspera de año nuevo. Por ejemplo, ¿alguna vez entraste al supermercado y sentiste que te iba a dar una apoplejía? Tal vez te empezó a girar la cabeza cuando viste diez mil etiquetas de colores fila tras fila en los estantes que parecían gritar "¡llévame!, ¡llévame!". Momentos después cantabas la música ambiental por lo que se te olvidó lo que tenías que hacer. La luz fosforescente te mareó un poco. El sonido de los bebés gritando y los niños quejándose te taladró el cerebro con la fuerza de un rayo. El olor de los limpiadores se mezcló con el de las carnes frías y el contraste de olores te provocó náuseas. La experiencia de ir de compras puede ser tan abrumadora que la evitas a toda costa hasta que se termina el último rollo de papel de baño. Es verdad que comprar alimentos es bastante difícil, pero es sólo el principio. Una vez en casa, tienes que acomodar los alimentos. No hay problema, ¿verdad? ¡Falso!

■ Siete botellas de cátsup y nada de leche

¿Cuántas veces has buscado un ingrediente esencial en tu cocina sólo para desanimarte porque las repisas, los armarios y la despensa están tan desorganizadas que no puedes encontrar lo que necesitas? Es el clásico síndrome de *las siete botellas de cátsup y nada de leche*.

Aunque estés desesperada por tener un sistema, por lo general no lo tienes, y si lo tienes no suele durar mucho. Al volver a casa después de hacer las compras, normalmente acomodas la comida en donde sea porque mantener un sistema organizado es demasiado esfuerzo mental y físico, sobre todo después de horas de abuso sensorial en el supermercado. Bien podrías tener los ojos tapados a la hora de acomodar la despensa. Incluso en las mejores circunstancias te es casi imposible armar un sistema por tu incapacidad de ver todo el panorama. Además, la relación espacial es un gran reto: ¿cómo acomodar toda esa comida congelada en un refrigerador tan pequeño? Es como jugar una partida de Tetris, manipulando los paquetes para que todo quepa a la perfección; no es una tarea fácil para una mujer que sufre de TDAH.

Existe una actitud con base neurológica en las mujeres con TDAH: "ojos que no ven, corazón que no siente". El resultado es un montón de duplicados y de desperdicios porque te olvidas de las siete botellas de cátsup arrumbadas en la despensa o de la bolsa de ensalada pre lavada que se pudre en el fondo del refrigerador.

DE CÓMO COCINAR PUEDE DEJARTE HIRVIENDO DE CORAJE, A MEDIO COCINAR O CRUDA

Parece que a la mayoría de las mujeres les atrae hacer tareas simultáneas, y aunque algunas mujeres que padecen TDAH pueden hacerlo en ciertas situaciones, cocinar no es una de ellas. Piénsalo: cocinar requiere las siguientes funciones cerebrales:

- Pasar de una actividad a otra.
- Realizar tareas simultáneas.
- Mantener la concentración (lidiar con distracciones).
- Sincronización.
- Poner atención a los detalles.

Veamos más de cerca cada una de estas funciones. Abajo encontrarás ejemplos de algunos de los retos de la vida real que pueden ser obstáculos para una preparación de alimentos exitosa y sin interrupciones.

■ *Pasar de una actividad a otra*

Para muchas mujeres con TDAH (pero no para todas), es más grato hacer cualquier otra cosa que cocinar. Sabemos que el cerebro con TDAH ansía el estímulo. Para la mujer que padece TDAH, pasar tiempo en línea, ver televisión, hacer jardinería o participar en otras actividades más estimulantes es mucho más satisfactorio que algo tan banal como la planificación de alimentos. Este tipo de actividades placenteras puede captar nuestra atención durante horas sin parar. Así que, aunque muchos piensan que el TDAH es la *incapacidad* de poner atención, en realidad es la incapacidad de *conservar* la atención por mucho tiempo, sobre todo en actividades aburridas.

La transición de una actividad placentera a una actividad aburrida o frustrante resulta casi imposible, con lo que la evasión y la procrastinación se hacen presentes. De hecho, la transición de una actividad a otra por lo general es difícil para las mujeres que padecen TDAH. La Maestra en Pedagogía, Nancy Ratey, autoridad internacionalmente reconocida en cuanto al TDAH, escribió en el blog de apoyo de Niños y Adultos con TDAH (CHADD) que "las transiciones requieren que el cerebro cambie su atención y enfoque. El cerebro con TDAH acostumbra reaccionar de forma exagerada a esta discontinuidad y entra en un estado de 'alerta', lo cual provoca que la persona se sienta ansiosa y estresada". ¿Es así como te sientes en la cocina?

▪ *Tareas simultáneas*

Estás revolviendo la olla de pasta mientras revisas el pollo en el horno. El temporizador del horno se activa, pero olvidaste cortar los jitomates para la ensalada. Terminas dejando el pollo demasiado tiempo en el horno porque estás atendiendo la pasta otra vez. Sacas el pollo del horno y escurres la pasta para que el pollo no se enfríe. Se te olvida la taza de lechuga que dejaste en el refrigerador y acabas por echar los jitomates solos en un plato. Una vez más la cena consiste en pollo quemado, pasta a medio cocer y nada de vegetales verdes.

El ejemplo anterior es una muestra de cómo falla la función ejecutiva. Piensa en la función ejecutiva como el director de orquesta del cerebro que coordina la planificación, la organización, poner atención y seguir instrucciones. Cuando hay una disfunción ejecutiva, hay confusión y desorganización, tal y como sucedería si el director tuviera los ojos vendados y los oídos tapados.

▪ *Mantener la concentración*

Ya estás buscando un pretexto para no terminar el aburrido trabajo de hacer de comer, así que cuando te acuerdas de esa noticia que querías ver en el noticiero de las seis juras que sólo saldrás de la cocina cinco minutos, pero, ¡santo dios, la noticia es fascinante! En la sala ves una pila de periódico y la llevas al bote de reciclaje que está en el garaje. En el garaje decides sacar la basura al patio.

En el patio notas algunas flores que se están marchitando y decides quitarles sólo algunos cuántos pétalos. Veinticinco minutos después, cuando regresas a la cocina, el arroz ya se quemó, con lo que se arruina la cena y el sartén, a la vez que queda ese "encantador" aroma a arroz quemado en el aire. Te sientas en el piso de la cocina y te dan ganas de llorar.

Para la gente que sufre de TDAH es muy difícil permanecer en una sola cosa cuando hay tantos otros estímulos compitiendo con su atención, ya sea escuchar el radio que suena en el fondo, ver algo interesante por el rabillo del ojo o pensar en las siguientes vacaciones. En pocas palabras, quienes padecen TDAH tienen problemas para aislarse de las distracciones. Los científicos creen que esto se debe a variaciones en los químicos neurobiológicos en el cerebro, por ejemplo, la dopamina.

■ Sincronización

Cualquiera que cocine mucho te dirá que preparar una buena comida está directamente relacionado con la sincronización. Las personas que padecen TDAH se enfrentan a grandes dificultades a la hora de administrar el tiempo y, en general, con la noción del tiempo. Para ellos, una hora puede sentirse como un minuto, y un minuto como una hora. Aunque parezca que la comida se ha cocinado durante diez minutos, en realidad esos diez minutos pueden fácilmente convertirse en cuarenta y cinco. Sale otra comida chamuscada.

Intentar tener todo listo y ponerlo en la mesa al mismo tiempo puede hacerte sentir como la maestra de ceremonias de un circo de tres pistas: el pollo se tarda una hora en el horno, el arroz hierve durante veinte minutos, los chícharos durante cinco, y si eres lo suficientemente valiente para añadirle tu propio estilo con una salsa, ése es un paso más que resolver. Sería mucho más fácil tomar el teléfono y llamar al 01-800-ENVIAR-CENA.

■ Poner atención a los detalles: el aburrimiento es el enemigo

Debido a que planear un menú es una tarea muy pesada para ella, la mujer que padece TDAH se limita a la repetición para simplificar las cosas, pero tiene que lidiar con el tedio de preparar la misma comida cada semana. ¡Qué aburrido!

Como ya se dijo, las personas que sufren de TDAH ansían el estímulo: los escáneres cerebrales demuestran que cuando éstas son obligadas a realizar tareas aburridas, el córtex prefrontal se ralentiza, lo cual causa aletargamiento. Para poder ser productivo, concentrarse y estar alerta, el cerebro que padece TDAH necesita un nivel más alto de estimulación que un cerebro que no presenta el trastorno.

Si a esto le sumamos la monotonía de picar y medir, ¡oh no! Para las mujeres que sufren de TDAH, poner atención a los detalles y las matemáticas son áreas de alta dificultad, y una receta implica ambas cosas. ¿Qué tipo de sartén se necesita para un omelet? ¿Cuál rejilla del horno es la del centro? ¿Qué tan alta es una temperatura alta? ¿Cuántas cucharadas cafeteras hay en una cucharada sopera? ¿Cómo se divide una receta a la mitad?

Sin embargo, toma en cuenta que estos ejemplos están dirigidos a mujeres que preferirían hacer cualquier otra cosa antes que meterse a la cocina; de hecho, algunas mujeres que sufren de TDAH son excelentes cocineras y esto les parece una experiencia estimulante y creativa; claro, a excepción de la limpieza. Hablaremos de limpieza más adelante.

■ Equilibrar las necesidades de familia

Son bastantes los retos que encontramos en la cocina cuando no hay nadie más en casa, pero si tienes una familia e intentas cocinar mientras ellos están ahí, se desata la locura. Los niños y el esposo no pueden esperar a contarte todo sobre su día, hay mucho movimiento, gente que entra y sale de la cocina, y todo eso hace que pierdas el camino. Es el momento del día en que te puedes tornar irritable. Todos están cansados y hambrientos. Si eres la chef principal de la casa, o si te toca cocinar ese día y te retrasaste, o si alguien no está a gusto con lo que harás para comer, o si estás estresada, cualquiera de ustedes se pondría furioso de *hambre*. Es entonces cuando la situación se puede poner difícil.

El gran final: la limpieza

Si tienes pareja y él se hace cargo de la limpieza (o mejor aún, de la limpieza y de cocinar), ¡qué suerte tienes! Pero si no es el caso, entonces te toca el gran final de la comida. Ha sido un día de trabajo completo, ya lidiaste con la planificación, las compras, la preparación y la cocina, y ha llegado el final del día: la limpieza. ¿Por qué es algo tan terrible? Una vez que terminas de hacer comida, estás tan cansada que la sola idea de recoger la mesa, por no decir también de lavar los trastes, suena casi tan atractiva como escalar el Monte Everest. Además, si trabajas fuera de casa, te espera un trabajo aún más importante: ser pareja/esposa y en muchos casos también mamá. Así que por lo general dejas los trastes en donde se quedaron o apilados en el fregadero para más tarde. Por supuesto, esto significa que a la mañana siguiente encontrarás un tremendo desastre, y en definitiva no es la mejor manera de empezar el día. Una vez más el asunto del aburrimiento se interpone en tu camino. ¿Quién quiere ponerse a lavar y secar, o incluso llenar el lavaplatos, cuando hay cosas mucho más interesantes y relajantes que hacer antes de dar el día por terminado?

Los invitados: no me llames, yo te llamaré

Tener invitados. ¡Puf! Tienes que hacer todas esas cosas con las que peleas todos los días, pero ahora además lo tienes que hacer "en público". Es como el miedo a cocinar llevado a la milésima potencia. Las mujeres que padecen TDAH de por sí acostumbran sentirse fuera de lugar en muchísimas áreas y tratan de ocultar sus supuestos déficits. Preparar una fiesta puede acentuar estos sentimientos de vergüenza y de no estar a la altura. Después de todo, una cosa es servirle cualquier cosa a tu familia porque olvidaste recoger los bollos para las hamburguesas, y otra muy diferente es olvidar comprar diez filetes para las cuatro parejas que van a llegar a tu casa en una hora. Además, está el estrés de planear una cena para invitados que pueden tener sensibilidades, alergias o restricciones alimenticias, o preferencias particulares porque son vegetarianos, abstemios y demás. También está la presión añadida de asegurarse de que la casa esté presentable. ¡Esto puede ser razón suficiente para que cualquier mujer que padece TDAH se rehúse a recibir invitados en su casa!

Consejos para sobrevivir el deber de la cocina

Ahora que ya sabemos que planear un menú, ir de compras, cocinar y recibir invitados pueden ser áreas de dificultad y déficit para las mujeres que padecen TDAH, exploremos los consejos y sugerencias que te harán más llevadera la vida en la cocina. Las siguientes soluciones incluyen trucos para hacer de comer, consejos para evitar una sobrecarga sensorial a la hora de las compras, apoyos visuales y otras estrategias que pueden ser de mucha utilidad para eliminar el estrés que conlleva la planificación de una comida, así como para recuperar el placer de pasar tiempo de calidad con tu familia y amigos en la mesa.

Las técnicas de organización para la cocina son imperativas para ayudarte a sobrevivir cuando cocinas. Aquí hay algunas preguntas que deberías hacerte:

- ¿Te sientes más cómoda con una receta o eres más bien una cocinera relajada y creativa?
- ¿De dónde surgen las ideas para las recetas?
- ¿Cómo decides qué días servirás cuál platillo?
- ¿Cómo planeas tus comidas y compras los ingredientes?

Si eres soltera:

- ¿Cómo comprar para una sola persona mientras evitas desperdiciar?
- ¿En dónde puedes encontrar ideas para preparar platillos simples y fáciles para una sola persona?
- ¿Cuál es la mejor manera de almacenar comida fresca o preparada en porciones individuales?

Si tienes familia:

- ¿Cómo haces para tomar en cuenta las necesidades de todos los miembros de tu familia, tales como preferencias, alergias, limitaciones de tiempo y demás?
- Si tus hijos tienen actividades después de la escuela, ¿cómo te organizas para planear la comida y cocinar esos días?
- Si llegas tarde del trabajo, ¿qué planes tienes previstos para preparar la comida?

Para responder estas preguntas es muy útil contar con estrategias para no distraerte. Puedes anotar ideas para platillos en tu agenda para no apresurarte un instante antes de la cena; aquí se incluye elegir tus días de compras. Tu teléfono también es una excelente herramienta para llevar un registro de los ingredientes y provisiones que necesitas. Hay una gran cantidad de aplicaciones que te sugieren platillos de acuerdo a los ingredientes que tengas a la mano. Utiliza sitios web de recetas o recetarios sencillos para ayudarte a tener más opciones, sobre todo para esos días en que tienes prisa y necesitas preparar un platillo fácil.

El método *Planear o Sufrir* (pos)

Usar pistas visuales y recordatorios palpables es muy útil cuando te cuesta trabajo recordar tus quehaceres y rutinas. Mi método pos es una forma única de hacer que la planificación y preparación de alimentos sean menos estresantes. Así es como funciona:

1. Reúne suficientes tarjetas en blanco para siete o diez menús, un menú por tarjeta.
2. En cada tarjeta anota la comida para un día, por ejemplo, pollo rostizado, puré de papas y frijoles. Si se necesita la receta, anota el nombre del recetario y el número de página.
3. Escribe el tiempo aproximado que se necesita para preparar esa comida.
4. Del otro lado de la tarjeta haz una lista de los ingredientes que requieres.
5. Si es una receta fácil y rápida, haz una anotación, por ejemplo un asterisco en rojo, o escribe "rf" (rápido y fácil).
6. Revisa tu agenda a primera hora todas las mañanas (el uso de la agenda se cubrirá en el capítulo 4, dentro de administración del tiempo). Elige una tarjeta que se ajuste a tu horario para ese día.

Tener un sistema elimina de forma automática la preocupación de decidir qué hacer. Utiliza tus tarjetas RF para los días en que tienes que trabajar hasta tarde o llevar a los niños a sus prácticas deportivas, a sus clases de música o a otra actividad vespertina. Guarda estas tarjetas en la cocina para que las puedas consultar cuando quieras. Dirígete a <http://youtu.be/-Y-ik3Z5CDY> para ver un breve video de cómo funciona mi sistema de POS (en inglés).

Algunas mujeres adoptan un sistema con el que prepararan lo mismo cada semana. Por ejemplo: pollo los lunes, espagueti los martes, y vuelven a empezar. Otras necesitan tener siempre a la vista una lista que les recuerde qué van a preparar ese día y siempre la llevan a la tienda para comprar los ingredientes que van a utilizar.

Anti-estresantes para ir de compras

Nunca sobran los trucos bajo la manga a la hora de simplificar la tarea de comprar comida. Aquí tienes algunos consejos para ayudarte a reducir el estrés cuando vas al supermercado:

- Para evitar la sobrecarga sensorial cuando vayas de compras, busca tiendas pequeñas y tranquilas.
- Para evitar la tendencia a comprar de más, trae contigo una lista de compras o tus tarjetas POS.
- Para evitar sentirte abrumada por el caos de la multitud, compra en horas de baja concurrencia.
- Usa unos audífonos para escuchar música relajante.
- Deja a los niños en casa.
- En tiendas grandes, dibuja un diagrama para que sepas exactamente dónde encontrar lo que vas a comprar.

Ahora que ya tienes algunas estrategias bajo la manga, ya puedes borrar de tus números frecuentes el teléfono de la pizzería. Abajo encontrarás algunos consejos culinarios para ayudarte con la preparación de tus alimentos.

TRUCOS EN LA COCINA

Si odias cocinar tanto como yo, querrás tener tantas ideas como sea posible para facilitarte esta tarea. Aquí hay algunos consejos para aligerar la carga:

- Compra ensaladas en bolsa (combínalas con tiras de pollo para un platillo completo).
- Consigue alimentos congelados para las guarniciones, como ensa!adas de vegetales, pasta, rollos, etcétera.
- Prepara el desayuno a la hora de la comida. Es fácil y rápido preparar unos huevos revueltos con guarniciones.
- Cocina recetas dobles y congela las sobras para después.
- Guarda pequeñas bolsas congeladas de carne ya cocida para preparar sándwiches, tacos o espagueti.

Las personas que disfrutan cocinar suelen tener muchos trucos. Si tienes amigos a los que les guste cocinar, pregúntales cuáles son sus trucos favoritos.

CONSEJOS ADICIONALES

Preparar comida para una familia completa siempre es un gran reto. Si necesitas un poco de ayuda en este aspecto, aquí tienes más consejos:

- Siempre lleva en tu bolso un respaldo de tus tarjetas POS para que puedas consultarlas en el supermercado. ¡Nunca más olvidarás un ingrediente!
- Plastifica tus tarjetas para que duren más tiempo.

- ¿Tienes comensales quisquillosos en casa? Deja que tus hijos elijan las tarjetas del montón. Estarán más dispuestos a comer lo que prepares si los dejas participar en la elección.
- Haz una lluvia de ideas con tu familia. Mientras más involucres a los niños, más probabilidades hay de que se coman lo que les prepares.

No tiene nada de malo comprar comida hecha dos, tres o hasta cinco veces por semana si está dentro de tu presupuesto. Sheila, una mujer con la que trabajé hace algunos años, dice:

> Mi esposo siempre estaba a dieta y a mis dos hijos no les gustaba la misma comida a excepción de la pizza. Uno comía pollo, el otro lo detestaba. Uno adoraba la pasta, al otro le daban náuseas. Cocinar ya era muy difícil para mí, pero la idea de tener que preparar dos o tres platillos diferentes todos los días me volvía loca. A pesar de que el pediatra me dijo que no cediera, simplemente no soportaba ver a uno de mis hijos comer cereal todos los días, así que tiré la toalla y decidí comprar comida preparada que todos disfrutaran. Logré hacer espacio en mi presupuesto tras quitar lujos como la televisión por cable. Para mí, la comida para llevar no era un lujo, sino una necesidad.

Comer fuera de casa también es una opción si tu presupuesto lo permite. Así se resuelve el problema de elegir platillos que le gusten a toda la familia. Los niños en particular disfrutan mucho los restaurantes tipo cafetería o los bufés.

Otras personas han tenido éxito al recurrir a permutas. Si a tu esposo o a tus hijos adolescentes les gusta cocinar, intercámbialo por hacer la limpieza o algo que a él o ella no le guste hacer. Algunas personas incluso han intercambiado con amigos. Considera la posibilidad de cuidar a los hijos de un amigo o hacer la jardinería en su casa a cambio de que ellos preparen la comida de la semana.

Muchas ciudades cuentan con tiendas de autoservicio en las que puedes preparar la comida de toda una semana en unas cuantas horas usando sus comidas preparadas, herramientas, recetas y recipientes, y al llegar a casa sólo guardas todo en el congelador. Ve con una amiga o con tus hijos para hacerlo más divertido.

Debido a que hacer de comer puede ser una amenaza para la autoestima de algunas mujeres, considero que estos trucos y estrategias son sólo ajustes, casi como el apoyo especial que necesita un niño que tiene dificultades en la escuela para tener éxito. Que no te dé vergüenza recibir la ayuda que necesitas.

Consejos para almacenar los alimentos

Nunca sobran los consejos para ayudarte a organizar la cocina. Aquí tienes algunas ideas más para organizar y almacenar los alimentos:

- La próxima vez que vayas a comprar un nuevo refrigerador, compra el más grande que puedas. Así podrás tener una mejor vista de tus alimentos en lugar de tener que buscar lo que necesitas detrás de los frascos y las botellas.
- Para la despensa y las alacenas instala repisas deslizables. Nunca más tendrás que buscar en la oscuridad.
- Compra contenedores de plástico transparente, llénalos con alimentos básicos y etiquétalos. Organiza tu espacio con lo que más se utiliza hasta adelante, y por categorías, como cereales, sopa enlatada, etcétera.
- Dibuja diagramas del interior de la despensa y las alacenas para que te sea más fácil recordar en dónde almacenar los artículos. Pega el diagrama en el interior de la puerta.

Puede tomarte tiempo establecer todos estos cambios en tu cocina, pero valdrá la pena. A la larga, poder ver en dónde está la comida o dónde debe almacenarse te ahorrará no solamente dinero, sino también mucha frustración.

Aquí tienes algunos consejos más para ayudarte a conservar el impulso. Utilízalos para empezar. Estoy segura de que se te ocurrirán más en el camino.

- Pega una lista de compras en el interior de tu alacena y otras áreas donde guardes alimentos. Cuando se te acabe el último paquete de pasta, por ejemplo, escribe "pasta" en tu lista.
- Utiliza una lista de compras pre impresa con casillas para que puedas seleccionar los productos que necesitas.
- Dile a tu familia en dónde está la lista de compras. Si se terminan el último cartón de leche, pueden escribir "leche" en la lista.
- Haz tu propia lista de compras en la computadora. Incluye alimentos básicos que compras a menudo y deja líneas en blanco para productos que no compras tan seguido.

Ya les pediste a tus amigos y familiares sus trucos para la cocina. En internet también encontrarás cientos de sitios web con consejos para almacenar la comida, así que aprovecha esos recursos.

Cocina exprés

No importa si eres una genio en la cocina (y no me refiero al de la lámpara) o si preparas tus comidas entre tropezones y sacudidas, estos trucos exprés te servirán. Las notas adhesivas, los recordatorios en tarjetas, los temporizadores e incluso los mini posters con instrucciones paso a paso son recursos útiles para sacar adelante la preparación de alimentos.

Está bien usar trucos, como las comidas previamente mezcladas o ya preparadas, pero haz tu mejor esfuerzo para evitar comprar comida con demasiados conservadores y químicos adicionales. Comprar en tiendas de mayoreo que no aceptan conservadores o aditivos en sus alimentos no sólo te ahorrará dinero, sino que también te garantizará que toda la comida que compres esté libre de aditivos químicos. Visita mi página web <http://ADDconsults.com> para conocer nombres específicos de productos y tiendas. También puede ser útil tener una variedad de refrigerios saludables en casa, como alimentos con proteína, por ejemplo el yogurt y el queso, ya que se cree que éstos ayudan al cerebro que padece TDAH a calmarse y poner atención. Utilizar recetas con menos de cinco pasos y menos de cinco ingredientes es lo ideal. De hecho, no dudes en tirar o regalar esos recetarios que tienes guardados en los que se acumula el polvo. Si no los has usado en dos años, deséchalos.

Conoce tu temperamento biológico. Si te gusta madrugar, prepara la comida cuando hayas terminado de hacer el desayuno. Si eres más activa de noche, experimenta y cocina todos los ingredientes a fuego lento la noche previa, luego guárdalos en el refrigerador hasta el otro día y tendrás la comida lista cuando regreses a casa.

Nunca es tarde para involucrar a los niños. Incluso un niño o una niña de cinco años puede ayudarte a poner la mesa, a preparar algunos alimentos y a limpiar.

Si tienes la suerte de contar con el dinero, contrata a alguien que te ayude a cocinar. ¡No hay necesidad de sentirse culpables! Estás haciendo un ajuste para tu cerebro con TDAH.

Consejos para la limpieza

¡No eres la única que detesta limpiar la cocina! Aquí tienes algunos consejos adicionales que te ayudarán a terminar de hacer lo que de verdad no quieres:

- Deja de hacerte la mártir. Si a ti te toca cocinar, que la familia te ayude a limpiar. Túrnense.
- Lava los trastes mientras cocinas para que no te abrume la pila de ollas y sartenes sucios después de comer. Convéncete de que te recompensas a ti misma al tener la cocina limpia después de comer para ser libre y relajarte, y no tener que preocuparte de que la cocina esté tirada.
- Ten una señal de transición. Convéncete de que para poder ver la TV, primero tienes que limpiar la cocina.
- Visualiza una cocina limpia y recuerda lo bien que se siente despertar en la mañana y entrar en una cocina recogida en lugar de desordenada.
- Haz negociaciones contigo misma: limpia la mitad de la cocina después de comer y la otra mitad al día siguiente. Por ejemplo: llena y enciende el lavaplatos después de comer, pero guarda los trastes en la mañana.

Si te sirve, date una recompensa por terminar de hacer la limpieza. Ya sea un baño relajante, tiempo en la computadora o un juego divertido con tus hijos: simplemente algo que disfrutes hacer.

Consejos para recibir invitados

Podrías sorprenderte a ti misma y darte cuenta de que con estas herramientas querrás tener invitados con más frecuencia. ¿Quién sabe? Quizá seas la próxima Marta Stewart. Bueno, tal vez no...

pero utiliza estos consejos para ayudarte a reducir el estrés de recibir visitas.

- Si detestas hacerlo, ¡no lo hagas!
- Sal a algún lugar con tus amigos en vez de recibirlos en tu casa.
- Podrías hacer una fiesta en el patio trasero para que cada quien lleve algo o pedir pizza a domicilio para una reunión informal y divertida. No hay una regla que diga que debes cocinar todos los platillos o crear un ambiente formal en la casa. La idea es crear lazos con las personas, no presumir tus talentos culinarios (o la carencia de los mismos).
- Sé tú misma. Si otros te invitan a su casa y sientes que no puedes corresponderles, invítalos a cenar fuera. Deja de intentar seguirles el paso.
- Si a tu pareja le encanta cocinar y recibir visitas, sonríe y delégale la responsabilidad. Tal vez puedas intercambiar cocinar por hacer la limpieza o algún otro quehacer de la casa.
- En lugar de preparar una comida completa, invita a tus amigos para unas botanas, o unos postres y unas copas.
- ¿Te pones como loca en días festivos? ¿Qué hay de malo en ir a un restaurante para la cena de año nuevo? Podrías organizarla en la casa de alguien más y ofrecerte a llevar lo que te haga sentir más cómoda. Cuando mi mamá hacía las comidas de los días festivos en su casa, sabía que sólo podía pedirme que trajera la charola de bocadillos. O podrías ofrecerte a pagarle a tus amigos o familiares por la comida a cambio de que la preparen ellos en su casa.

Cuando mis padres empezaron a envejecer, cocinar para las fiestas les era cada vez más difícil, entonces me ofrecí para llevarles comida ya preparada. Aun así, era difícil para mí lidiar con el recalentado, elegir qué contenedores utilizar, medir el tiempo de calefacción y decidir qué poner primero en el horno. También la comida para llevar puede ser todo un reto cuando es para un grupo de personas más grandes, ¡sobre todo si no estás familiarizada con la cocina!

La planificación de comidas, cocinar, limpiar y recibir visitas no acostumbran ser una fortaleza para las mujeres que padecen TDAH, aunque hay algunas brillantes excepciones. Sin embargo, las mujeres suelen ser criadas con la expectativa social de convertirse en la madre que nutre, por lo que muchas mujeres se esfuerzan en preparar todos los días comidas nutritivas que su familia aprecie y se coma sin chistar, lo cual es un símbolo de amor y conexión con nuestras familias. Sin embargo, cuando una tarea que parece tan sencilla nos resulta inalcanzable, nuestra autoestima se cae al suelo. Ojalá que llegues a ese punto de auto aceptación en el que tu valor no dependa de cuántos bocados de comida saludable, deliciosa y hecha en casa consuma tu familia y, en su lugar, llegues a celebrar el tiempo que pasas con tu familia, con tu pareja o contigo misma como la única prioridad, aunque eso signifique que la comida venga en trastes desechables. Es hora de que tú pongas las reglas en la cocina. Espero que todos los consejos en este capítulo te ayuden a retomar el camino.

CAPÍTULO 4

TIC TAC, TIC TAC...
¡APUROS!

—Lo siento, sé que llegué tarde —le dijo Liz a Donna, la recepcionista del dentista—, pero no encontraba dónde estacionarme y luego me di cuenta de que dejé todo mi cambio para el parquímetro en casa, entonces me estacioné en doble fila por un instante para correr a la tienda y comprar unos chicles, pero la fila estaba muy larga y había una columna muy interesante en el periódico del mostrador, y para cuando logré salir la grúa se había llevado mi auto, y luego... —Liz notó el ceño fruncido de Donna.

—Liz, van tres veces seguidas que llegas tarde —dijo Donna.

—Lo sé, lo sé, otra vez metí la pata. ¡Lo siento mucho! Pero sólo fueron... qué... ¿como treinta minutos?

—Tu cita era hace una hora, y no podemos hacer esperar a los demás; no es justo. La siguiente fecha disponible es hasta dentro de un mes —dijo Donna con pesadumbre.

Liz se moría de la pena. Se sintió como si hubiera vuelto veinte años en el tiempo, como si su profesora de matemáticas de la secundaria, la maestra Kravitch, la regañara de nuevo.

Estoy cansada de llegar... tarde

Este tipo de cosas le pasan a cualquier persona una, tal vez dos veces en la vida, pero para las mujeres que padecen TDAH esto es muy recurrente. El exceso de concentración, la distracción y la falta de memoria están presentes todos los días. Las mujeres diagnosticadas con TDAH pasan mucho tiempo agobiadas, principalmente por el trastorno, pero también porque, como mujeres, tratan de ocuparse de todos a su alrededor. El agobio puede llevar a la procrastinación, la cual conduce a casi siempre estar atrasadas. La impuntualidad puede pesar mucho en la autoestima y dañar las relaciones. Probablemente has escuchado toda tu vida que no te importan los demás, que eres egoísta, inmadura o cosas peores. La deficiencia de la función ejecutiva está en directa relación con una distorsión de la noción del tiempo y con dificultades para administrarlo. Uno de los especialistas más importantes en investigación sobre el TDAH, el Dr. Russell Barkley (2011, 2) afirma que "el tiempo y el futuro son enemigos de las personas que presentan problemas en la FE (función ejecutiva) cuando se trata de cumplir con alguna tarea o lograr un objetivo". Llegar a tiempo o terminar proyectos antes de una fecha límite suele ser un desafío constante; sin embargo, la función ejecutiva no es la única parte del cerebro que interfiere con la administración efectiva del tiempo: la memoria a corto plazo también es un factor importante.

Cuando tu memoria "activa" no se activa

La escasez de memoria activa (también conocida como memoria a corto plazo) es un problema frecuente para las mujeres que padecen TDAH. En su libro *Improving Working Memory: Supporting Student's Learning* (*Una mejor memoria activa: apoyo para estudiantes*), la Dra. Tracy Packiam Alloway (2010, 1) la define de forma sencilla y adecuada cuando explica que: "La mejor manera de concebir la memoria activa es como una nota de 'pendientes' que hace el cerebro". En otras palabras, la memoria activa es un "área de almacenamiento" a corto plazo para retener el número de teléfono que te acaban de dar, por ejemplo, o para recordar el nombre de la persona que te presentaron. Melissa Healy (2009, 1) del *LA Times* cita en un artículo al Dr. Eric Saslow, un neuropsicólogo infantil de la Universidad de California en Los Ángeles cuyos pacientes presentan déficits cognitivos y problemas de aprendizaje; dice que "la noción del tiempo debe estar conectada con la capacidad de retener en la mente lo que ocurre al momento o en el futuro próximo, y ésa es la relación con la memoria activa". De esta manera, llegas tarde al trabajo *de nuevo* porque olvidaste tomar tu bolso al salir de la casa.

¿Cuáles son las consecuencias de estos desafíos cognitivos?

Si tu memoria activa y función ejecutiva son deficientes, entonces te será muy difícil contar con una noción del tiempo que te dirija puntualmente a donde tienes que estar dependiendo de qué tan tardado sea el traslado. (Es muy probable que calcules mal el tiempo requerido.) Esto contribuye a que siempre llegues tarde, aplaces proyectos importantes, evites tareas desagradables y a que sencillamente olvides qué tienes que hacer. El tiempo se te va de las manos.

¡Ayuda, mi reloj se derrite!

¿Recuerdas que de estudiante morías de aburrimiento con las materias que no te despertaban ningún interés? Tal vez la clase de civismo parecía de tres horas en lugar de cuarenta y cinco minutos. Este concepto de tiempo distorsionado está perfectamente ilustrado en la famosa pintura de Salvador Dalí *La persistencia de la memoria*, la cual muestra varios relojes derretidos que gotean como helado al sol. Esto es lo que pasa con tu noción del tiempo:

- Se mueve demasiado lento si estás aburrida.
- Se mueve muy rápido si disfrutas algo mentalmente o si desempeñas alguna tarea placentera.
- Las referencias de tiempo son "ahora" o "no ahora" debido a una vaga noción del pasado y del futuro.

Estas distorsiones también llevan a la procrastinación, que es uno de los comportamientos asociados con el TDAH más comunes y debilitantes.

LOS TRES CERDITOS DE LA PEREZA Y EL LOBO FEROZ DE LA PROCRASTINACIÓN

Mucha gente procrastina, sobre todo cuando se trata de tareas intimidantes como declarar impuestos, o enfrentar proyectos domésticos agobiantes, como limpiar el sótano. Sin embargo, por parecer TDAH es probable que tú procrastines a diario incluso al tener que encargarte de tareas en apariencia simples como vaciar el lavaplatos o llamar a alguien. Aplazar esas labores es comprensible si algo que toma diez minutos para ti parece durar tres horas. Éstas son algunas *razones* por las que sueles procrastinar:

- Le temes al fracaso o al éxito.
- Quieres que todo esté perfecto (perfeccionista).
- Te sientes agobiada por tus objetivos.
- Algunas tareas te parecen desagradables o aburridas.
- Crees que algo va a llevarte mucho tiempo.

Desafortunadamente, la procrastinación trae graves consecuencias. No sólo las cosas no se hacen, sino que también tu bienestar mental y físico se ven afectados.

MI CEREBRO TRABAJA MEJOR BAJO PRESIÓN, PERO MI CUERPO NO

Cuando aplazamos un proyecto hasta que su fecha límite es inminente, nos da una descarga de adrenalina y nos ponemos a trabajar al último minuto. Puede ser que lo consigamos en tiempo, pero el resultado no es el mejor. La procrastinación crónica también tiene otros efectos negativos:

- Falta de sueño: insomnio por la ansiedad de pensar en las consecuencias de no iniciar o acabar un proyecto.
- Problemas de salud ocasionados por estrés.
- Sentimientos de vergüenza por no poder terminar un proyecto.
- Reducción de tus estándares de calidad sólo porque se te acabó el tiempo, a pesar de que sabes que puedes hacer un mejor trabajo.

Cuando procrastinas, *sabes* que necesitas hacer algo. ¿Pero qué pasa cuando *olvidas* hacer algo?

¿OLVIDÉ VERTE A LAS 4:00 P.M.? ¡NO ME ACUERDO!

¡Santo dios! Llevas toda la vida esperando esto. Conseguiste dos muy buenos lugares para ver a James Taylor, tu ídolo musical, con tu mejor amiga. La noche del concierto estás fuera en una cena con tu madre cuando te llama tu amiga desde el auditorio para saber dónde estás. No puedes nada más abandonar a tu mamá para ir al concierto. Otro gran paseo arruinado porque tu deficiente memoria activa no te recordó revisar tu agenda de esa noche. Aunque hay muchas razones por las que se te hace tarde, procrastinas y olvidas, pero también hay muchos trucos, herramientas y tecnologías para ayudarte a administrar tu tiempo.

Cómo quitarle lo "malo" a la administración del tiempo

Aunque hasta ahora todo esto parezca negativo, ¡anímate! La pérdida de la noción del tiempo, la procrastinación y la mala memoria se pueden superar con algunos de los consejos y herramientas a continuación.

En su libro *ADHD and the Nature of Self-Control* (*TDAH y la naturaleza del autocontrol*), el Dr. Russell Barkley (1997, 35) explica que las personas que padecen TDAH necesitan recordatorios externos frecuentes y señales porque sus guías internas son menos efectivas: "El TDAH es más un problema de hacer lo que uno sabe, que de saber qué hacer". No es que no sepas cómo hacer las cosas, sino que debes conseguir lo que ya sabes por medio de algunas estrategias sencillas para mantenerte enfocada.

Conócete a ti misma: controla tu tiempo

Antes que nada, enfoquémonos en cómo controlar y priorizar tu tiempo. Abajo encontrarás algunas estrategias para hacerte consciente de cómo pasas el tiempo y qué tan efectiva es tu administración. ¡No te asustes! Sólo toma unos pocos minutos, pero te ahorrará muchas horas de agonía.

Valoración de un día común y corriente

Tras hacer este pequeño ejercicio comprenderás mejor cómo pasas el tiempo. Tómate unos minutos para llenar este cuadro o haz uno nuevo. Piensa en un día cualquiera (mientras más reciente, mejor) e incluye tu tiempo personal y el laboral. Divídelo tanto como sea posible en partes no menores a quince minutos. Sé honesta, ya que nadie más verá esto. Asígnale una letra a cada actividad para indicar su importancia: A, B o C. Una vez terminado, piensa si estás usando tu tiempo de la mejor manera y escribe algunas observaciones. Observa los ejemplos al principio del siguiente cuadro para darte una idea de cómo completarlo.

Tiempo Minutos, no menos de 15	Actividad Descripción general	Importancia A, B, o C	Observaciones Ideas o sentimientos
Ejemplo: De 8 a 10 a.m. (2 horas)	Lavé dos cargas de ropa	B	Tomó memos tiempo del que pensé
Ejemplo: De 10 a 10:15 a.m. (15 minutos)	Aspiré la sala y la estancia	C	Me di cuenta de que puedo hacer esto mientras se lava la ropa = ¡contenta! ¡A ahorrar tiempo!

Con TDAH, es normal que se invierta mucho tiempo en actividades de poca importancia, pero éste es el primer paso hacia darte cuenta de qué haces durante el día, y eso te llevará a cambiar, por lo tanto ¡ya estás progresando!

Si siempre sales tarde de casa, tal vez lo que sucede es que no has notado cuánto tiempo exactamente te lleva hacer tus actividades diarias. Por lo regular, las personas que padecen TDAH se enfocan en la hora a la que tienen que *llegar* al trabajo, a las citas o a la escuela, pero no consideran ciertos factores que consumen tiempo, como el tráfico o incluso buscar las llaves. Éstos son algunos consejos para ayudarte a estimar tu tiempo "real":

Enfócate en la hora en la que tienes que irte: Piensa a qué hora debes salir de casa en lugar de a qué hora debes estar en algún lugar. Ten en cuenta todo lo que podría (normalmente con seguridad) descolocarte en términos de tiempo y determina la hora de salida con base en eso.

Agrega tiempo extra: Una regla de cajón es agregar de quince a treinta minutos para el tiempo rutinario de actividad, porque es casi un hecho que algo te retrasará. Incluso puedes resolver cosas como pagar recibos si sabes a ciencia cierta cuánto tiempo promedio te toma hacerlo. Por ejemplo, puede ser que postergues los pagos cada mes porque te parece que tardas muchísimo. La próxima vez que lo hagas, pon un cronómetro para ver cuánto tiempo toma en realidad. Sin duda te sorprenderá notar que es mucho menos de lo que pensabas. O tal vez sea más porque no tomaste en cuenta otras pequeñas actividades que deben cumplirse antes de poder completar otra. Por eso agrega los treinta minutos extra de preparación.

Tómate el tiempo: Mide el tiempo y documenta cuánto se necesita para cierta tarea; esto ayudará a convertir lo subjetivo en objetivo. Así tendrás una medida factual para futuras referencias. Asegúrate de incluir los "factores invisibles que consumen tiempo", como recolectar pertenencias antes de salir de casa (bolso, llaves y teléfono, por ejemplo), caminar del auto a tu destino, comprar el periódico o pasar por gasolina.

Hay muchas tareas que se pueden hacer día con día. Considera las que se listan a continuación al momento de hacer tus estimados:

- Alistarse por la mañana (desde que la alarma suena hasta que sales de casa).
- Preparar el desayuno.
- Empacar tu almuerzo o el de tus hijos.
- Llegar al trabajo (desde que sales de la casa hasta que estás sentada en tu oficina).
- Llevar a tus hijos a la escuela.
- Preparar la comida.
- Arreglar la casa.

Una vez que tengas muy claro el tiempo que tardas en estas actividades, te sorprenderá darte cuenta de que la mayoría toma menos tiempo del que creías. Con esta información es probable que seas menos propensa a procrastinar. Ahora, veamos cómo administrar mejor tu día.

Planea y establece prioridades

Priorizar es otro obstáculo para quienes tienen una función ejecutiva deficiente. Si no sabes en qué orden debes hacer una serie de tareas, todo comienza a embrollarse y, antes de que te des cuenta, tu cerebro comienza a dar vueltas sin sentido. Incluso con tus mejores intenciones, tu día se torna improductivo y tú te estresas, te pones ansiosa y hasta te deprimes.

La agenda todopoderosa

Los cerebros libres y creativos que padecen TDAH por lo común tienen una relación de amor-odio con las agendas. Necesitas constancia y una lista de prioridades para conseguir lo que te corresponde, pero detestas vivir tus días con base en una lista de viñetas. No obstante, dado que probablemente eres una persona desorganizada y que procrastina, es crucial que recurras a algún tipo de sistema para que te mantengas enfocada: esquiva el golpe y usa una agenda. Éstas son algunas sugerencias:

- Con una libreta sencilla es suficiente. Tu agenda no tiene que ser sofisticada. Utiliza lo que te funcione.
- Compra una agenda con segmentos de quince minutos y divide tu día y tus proyectos en partes que puedas manejar para no sentirte agobiada.
- Usa agendas de nueva tecnología, como las que se incluyen en los teléfonos inteligentes o computadoras. Hay muchísimas aplicaciones con listas de pendientes, y la mayoría de los celulares tienen alguna funcionalidad de notas en la que puedes hacer tus listas.
- Si eres ama de casa, piensa que es como cualquier otro trabajo y ¡consigue una agenda! Te cautivará todo lo que eso puede ayudar en lo que de otra manera sería un día caótico lleno de interrupciones.
- Asígnate un tiempo diario para planificar tu jornada. Si funcionas mejor en la mañana, hazlo en ese momento; si en la noche, organiza tu próximo día antes de dormir.

LA CONSAGRADA LISTA DE PENDIENTES

Si prefieres un sistema en papel, aprende a usar listas de pendientes. Repito, cada quien tiene sus preferencias, pero aquí hay algunas ideas que podrían ayudarte:

1. Ponle fecha a tu lista de pendientes.
2. Escribe los elementos de la lista.
3. Marca con A, B o C cada elemento para establecer prioridades:
   - A = necesita hacerse hoy, muy importante.
   - B = necesita hacerse, pero no forzosamente hoy.
   - C = puede esperar hasta que haya tiempo libre.
4. Coloca un número junto a cada elemento según la urgencia dentro del grupo de la misma letra. Pregúntate: "¿qué tan urgente es?". El número 1 es el más importante. Por lo tanto, las letras indican importancia, pero los números muestran tanto la *urgencia* como la *secuencia*.
5. Si hay demasiados elementos en tu lista, quita algunos o cámbialos para evitar sentirte agobiada.
6. ¡Usa tu lista!

¿Aún no estás segura de dónde empezar? Revisemos un ejemplo de lista de pendientes para aclarar el proceso.

Lista de muestra

Escribe la fecha; por ejemplo, primero de diciembre. Haz la lista:

- Ir al supermercado.
- Llamarle a mamá.
- Llamarle a Clara.
- Archivar los papeles del trabajo.
- Organizar el viaje a Canadá.
- Ir a consulta médica.
- Comprar tarjeta de felicitación para Elena.
- Mandarle la tarjeta a Elena.
- Preparar la cena.

Ahora, determina la importancia y la urgencia usando letras. (Pista: lo que califiques como "A" debe incluir citas o compromisos y promesas que hayas hecho, pero depende de la naturaleza que tengan.)

- A: ir al supermercado.
- A: llamarle a mamá.
- B: llamarle a Clara.
- C: archivar los papeles del trabajo.
- B: organizar el viaje a Canadá.
- A: ir a consulta médica.
- B: comprar tarjeta de felicitación para Elena.
- C: mandarle la tarjeta a Elena.
- A: preparar la cena.

Ahora, haz *otra* etapa de priorización dentro de cada grupo de letras. Asigna números de acuerdo a la importancia. Después reordena los elementos de la lista para hacerla más clara, como se muestra:

- A-1: ir al supermercado.
- A-2: llamarle a mamá.
- A-3: ir a consulta médica.
- A-4: preparar la cena.
- B-1: organizar el viaje a Canadá.
- B-2: comprar tarjeta de felicitación para Elena.
- B-3: llamarle a Clara.
- C-1: mandarle la tarjeta a Elena.
- C-2: archivar los papeles del trabajo.

Esto te ayudará a identificar y priorizar todas las tareas A. Al final del día, incluso si no terminas ninguno de los elementos B o C, habrás cubierto las actividades más importantes. Éstos son otros consejos adicionales:

- Realiza todas las llamadas telefónicas al mismo tiempo, o "agrúpalas" de acuerdo a un horario. Deja que la contestadora tome mensajes mientras trabajas. ¡Para eso es!
- Establece un código de colores para identificar la prioridad: rojo = urgente, verde = se debe hacer, azul = puede esperar.
- Identifica las tareas con base en el momento en que deben realizarse con las notas "a.m." o "p.m." al margen.
- Consigue una alarma que vibre. Prográmala para que suene cada treinta minutos. Revisa si estás haciendo lo que se supone que hagas o si te estás yendo por otro camino. Visita <http://ADDconsults.com> para encontrar algunos relojes que vibran, los cuales también puedes programar para mostrar mensajes; de esta forma obtienes una gran herramienta para recordarte cuándo, por ejemplo, te debes tomar la medicina.
- Usa las alarmas de tu computadora o tu teléfono.
- Consulta las distintas aplicaciones disponibles para organizar tu tiempo y hacer listas de pendientes.
- Utiliza un pizarrón con plumones de colores para recordarte cosas importantes y urgentes. El rojo puede ser para HACER AHORA. Azul para EN ALGÚN MOMENTO DE LA SEMANA. Negro para proyectos a largo plazo que no son urgentes.
- Crea un "estacionamiento" visual para buenas ideas que no quieres olvidar. Usa otro pizarrón, un cuaderno, notas adheribles en un tazón llamativo, una caja vacía de pañuelos o un tablero de anuncios. No subestimes el valor de tu estacionamiento. Es una forma de honrar el impulso creativo y recordar tus ideas, pero también te ayuda a no perder la dirección de las tareas que debes cumplir.
- Designa tres tableros: uno para proyectos vigentes e importantes, otro para proyectos menos relevantes, y otro para tu estacionamiento.

Adquirir nuevas habilidades puede ser abrumador, pero sé perseverante. A final de cuentas, harán tu vida más fácil. Ahora que tienes más trucos bajo la manga para priorizar tu tiempo, revisemos algunos consejos específicos para evadir la procrastinación.

El botón de "apagado" de la procrastinación

Un poco de introspección es conveniente para entender mejor cómo contribuyen los circuitos de tu cerebro a la procrastinación, lo cual por su parte afecta tu productividad. Los siguientes consejos te ayudarán a avanzar mientras exploras y reconoces el trasfondo de la neurobiología del TDAH:

Escucha tu interior: Así como hiciste en relación con el desorden, establece prioridades cotidianas con tan sólo preguntarte cómo te sientes y cómo te sentirías si completaras una tarea específica. ¿Qué elemento de tu lista de pendientes estarías más feliz de marcar como resuelto? Primero resuelve las labores más importantes y liberarás energía para enfrentar las demás. Cuando le das vueltas a algo sin saber por dónde empezar, se nota en el estómago. Incluso puedes sentir pesadumbre en los hombros o tener dolores de cabeza. Es importante poner atención a estos síntomas de estrés.

Trabaja en tu hora más productiva: También es muy provechoso enfrentar los proyectos o tareas más difíciles cuando te sientas con más energía. Por ejemplo, si funcionas mejor por la mañana, podrías enfocarte en los proyectos más exigentes en términos mentales o físicos muy temprano, cuando estás llena de brío.

Lapsos de trabajo y de descanso: Dado que el esfuerzo mental consistente y continuo (como cuando escribes informes, por ejemplo) puede ser desafiante para quienes padecen TDAH, trabaja con intensidad en periodos cortos: quince minutos de trabajo/quince minutos de descanso. Si diriges tu atención a otra actividad después de tus quince minutos de descanso, pon una alarma para recordarte de volver a lo que hacías.

La regla de los diez minutos: Otra forma de mantenerte enfocada es prometerte que sólo atenderás alguna tarea tediosa por diez minutos. Después de eso, puedes dejarla. Es probable que una vez que inicies te des cuenta de que es difícil abandonar la tarea y le dediques más tiempo del que habías planeado.

Ya tienes varias opciones para ingeniártelas con la procrastinación. A continuación, veamos algunas sugerencias específicas para administrar mejor tu tiempo.

Es momento de llegar a tiempo

Podrás pensar que llegar a tiempo es una empresa perdida o un objetivo imposible de alcanzar, pero se puede lograr. Éstas son algunas alternativas que funcionan para muchas mujeres que sufren TDAH:

Pon alarmas en lugares diferentes: Programa distintas alarmas en varios sitios. Las personas diagnosticadas con TDAH son famosas por no poder levantarse temprano. Recurre a poner una alarma junto a la cama, otra del otro lado del dormitorio y una tercera en el baño. Compra las más ruidosas que encuentres, algunas incluso mueven toda la cama o saltan de la mesa, con lo que te obligan a levantarte y moverte para apagarlas.

Utiliza temporizadores para tus actividades: Programa una alerta para la hora en que debas empezar un proyecto y pon otra para detenerte cuando sea el momento. Ésta es una buena estrategia para pasar de un punto a otro, para programar alguna actividad que hayas evitado hasta el momento o para dejar actividades placenteras como navegar por internet o jugar en la computadora.

Evita hacer "una cosa más y ya": Crea el hábito de no hacer esa última actividad antes de salir de casa. Revisar el correo o leer la primera plana del periódico te costará minutos valiosos y hará que llegues tarde. ¡Revisar el correo electrónico o tu Facebook aunque sea "por un segundo" está prohibido!

Existen cientos de artefactos y aplicaciones para tu teléfono y computadora que pueden ayudarte a organizar tu día, a desmantelar tareas e incluso a hacerte responsable. Muchos incluyen estímulos visuales, a los cuales las personas que padecen TDAH suelen responder mejor. Puedes visitar <http://ADDconsults.com> para conocer los nombres de algunas aplicaciones disponibles en la tienda Apple que podrían socorrerte en la administración del tiempo. La tecnología computacional es muy útil para mantenerte enfocada, pero también puedes hacer muchas cosas con objetos que ya tengas en casa.

¡Si no lo veo, no lo recuerdo!
Apoyos visuales para la memoria

Mientras más recurras a sistemas que tengas "frente a los ojos", más fácil será recordar lo que tienes que hacer. Éstas son algunas sugerencias para ayudarte en lo cotidiano:

- Si te abstraes mientras te duchas y acabas apresurándote para salir a tiempo, consigue un reloj con ventosas diseñado específicamente para la regadera.
- Usa un block de notas resistente al agua para los momentos de creatividad en la regadera.
- Invierte en suficientes relojes baratos y disponlos por toda la casa para siempre estar pendiente del tiempo; utiliza alarmas para mantenerte enfocada.

- Escribe tu rutina matutina, paso por paso, incluyendo cuánto tiempo necesitas para cada uno, en tarjetas de trabajo. Pégalas en el espejo del baño.
- Escribe los horarios de tus hijos y sus rutinas en la casa (hora de dormir, etcétera) en sus espejos con marcadores de agua, o en cualquier lugar donde necesiten recordatorios visuales.
- Escribe recordatorios en el parabrisas con marcadores de agua. ¡Pero no olvides borrarlos antes de salir!
- Coloca notas adheribles en el tablero del auto.
- Déjate recordatorios en el teléfono o en la contestadora, o envíatelos por correo electrónico.
- Usa tatuajes temporales donde puedas escribir mensajes para refrescar la memoria. Éstos los puedes encontrar en línea: sólo busca en Google "tatuajes para apuntar tareas pendientes".
- Recurre a un calendario grande con códigos de color y pégalo en alguna pared cercada a tu punto de partida para registrar los horarios o compromisos de cada miembro de la familia. Asígnale un color a cada quien. Esto funciona muy bien para toda la familia o para alguien en específico.

Son muchísimas las estrategias que pueden ayudarte a administrar el tiempo. Existen libros enteros que tratan este tema, pero no es suficiente con poner en práctica los consejos: ahondemos un poco más en esto.

Dedícale tiempo a administrar tus relaciones

Muchas veces nos concentramos en las soluciones prácticas para nuestros problemas y esperamos que con consejos y trucos sencillos se resuelvan todos nuestros males, pero, en realidad, enfrentar problemas de administración de tiempo relacionados con el TDAH es más complejo; de hecho, es tan complejo que afecta nuestros sentimientos. Naciste con TDAH. No es una sentencia de muerte, pero tampoco es una kermés. Acepta que con seguridad tu TDAH será un desafío durante toda la vida. A veces, los síntomas menguan y te permiten vivir con alegría, pero ciertas circunstancias, e incluso tu propia biología, pueden hacer que los síntomas empeoren. Debes estar preparada para estos altibajos, como cualquier otra persona. En ocasiones encontrarás tácticas que funcionan para ti, pero normalmente no sirven por siempre. ¡No te rindas! No es necesario que te castigues cuando las cosas no salen bien. No eres débil ni incapaz. Usa tu creatividad y tus capacidades natas para buscar nuevas maneras de administrar lo que se interponga en el camino al éxito o a la satisfacción personal. En algún lugar, de alguna forma, sabrás cómo llegar y las encontrarás.

Si eres tan valiente como para detenerte, relajarte y tomarte unos minutos para leer esto, puedes mejorar todo. Realiza una introspección para saber qué se encuentra detrás de tu procrastinación y cómo te sientes al respecto. Has estado tan apresurada, tan estresada, que pasas la vida observando pilas de cosas, el reloj, la alacena vacía y tus proyectos incompletos, con lo que permites que los fracasos que experimentas te consuman mientras escuchas las viejas grabaciones en tu cabeza que hablan sobre lo que "deberías, podrías y tendrías que" haber hecho. Detente ahora mismo y déjate sentir. Escucha tu interior. ¿Qué te dice?

Soluciones profundas para la procrastinación

Respira profundo, pon atención a cómo te sientes y avanza con estas nuevas herramientas. Hasta los trucos más sencillos pueden hacer una gran diferencia.

Dilo con todas sus letras

Cuando te encuentres aplazando algo, usa acrónimos para ayudarte a salir de tu caótico estado emocional. Puedes incluso anotarlos en tarjetas y colocarlos donde los necesites con mayor probabilidad, como en la cocina, el trabajo o el estudio. Aquí hay algunos ejemplos:

- Alto.
  - Alto.
  - Toma un descanso.
  - Respira profundo.
  - Analiza cómo te sientes.
  - Sigue trabajando.
- sos: ¡Sin Obsesionarte, Linda!

Puedes utilizar estos acrónimos o inventar los que funcionen para ti. Te ayudarán a superar la deambulación mental, a calmarte y concentrarte.

Mega mantras

Los *mega mantras* (mi término) son frases que te repites para ayudarte a tener un mejor desempeño en áreas de dificultad. Cuando eludo hacer ejercicio o labores que detesto, uso éste, y en verdad me ha cambiado la vida: *no lo hagas por obligación, sino porque puedes*. En otras palabras, le doy otra perspectiva a la situación. En vez de irritarme, me siento agradecida por tener la capacidad de salir a correr, o porque tengo una lavadora que facilita mis deberes. Inventa tus propias frases para animarte a emprender actividades que evitas y agradece tu buena suerte. Contemplar una tarea desde otra perspectiva puede ser útil para llevarla a cabo.

Puede ser difícil detenerse, pensar y luego proceder en la dirección más conveniente, pero con la práctica se puede conseguir. Aprender a usar tu tiempo de forma óptima por medio de agendas y otros sistemas de organización es parte del desarrollo de las habilidades administrativas. Date tiempo para asimilar nuevas fórmulas y hábitos. No funcionarán de un día para otro, pero una vez que los entiendas te asombrará y dará gusto cuánto logras avanzar y lo mejor que te sientes. Ahora que leíste algunos consejos prácticos y observaciones útiles para administrar tu tiempo y enfrentar la procrastinación, revisemos otra área de conflicto para muchas mujeres que padecen TDAH: ¡la ropa!

CAPÍTULO 5

FOBIA TEXTIL

Llegó el día en que Liz tenía que asistir al cumpleaños número sesenta de su tía favorita. Le quedaban veinte minutos para vestirse. *¿Y dónde dejé la invitación, por cierto?*, pensó. *¿Decía algo de algún código de etiqueta? Ni siquiera sé si tengo algo apropiado, por no decir limpio. Todo el mundo puede ingeniárselas para combinar; ¿por qué yo no?* Liz sacó faldas y blusas algo aterrorizada, probándose varios atuendos mientras la frente le sudaba a chorros. *¿Por qué me esperé hasta el último instante? ¡Qué molesto! Voy a hacer el ridículo; lo sé.* Nada le parecía bien. Al final, escogió un vestido negro sencillo, pero luego notó la mancha de yogurt cerca del cuello. Se dejó caer al piso, comenzó a golpear las puertas del armario con los puños y se echó a llorar. Pensó que todo esto no valía la pena por ir a una "tonta" fiesta de cumpleaños, así que llamó a su tía y le dijo descaradamente que de repente se había enfermado. La culpa y la vergüenza la consumieron y ambas se quedaron con ella para la sesión de lástima que celebrarían. Otra vez.

Ropa: los "Expedientes X"
de las mujeres que padecen TDAH

Algo tan aparentemente sencillo como saber qué ponerse puede ser una tarea atormentadora si padeces TDAH. De nuevo, la función ejecutiva es necesaria para poder seleccionar y priorizar unos cuantos artículos de entre todos y para poder ver cuáles combinan. Es posible que también te sientas agobiada al comprar ropa, igual que en el supermercado, cuando te enfrentas a cientos de prendas que te distraen. La procrastinación también contribuye a obstaculizarte cuando tienes que estar lista para un evento, y dado que muchas mujeres diagnosticadas con TDAH tienen problemas de peso debido a los trastornos alimenticios, es muy probable que cuentes con una variedad de prendas de diferentes tallas en tu armario, lo cual hace muy difícil que encuentres algo de tu medida. Éstos son sólo unos cuantos de los innumerables desafíos que las mujeres que sufren TDAH enfrentan.

ESPEJITO, ESPEJITO...

Probablemente también tengas problemas de autoestima en relación con tu apariencia. Tal vez de pequeña escuchaste con frecuencia a otras niñas criticarte porque tú, como muchos otros niños con TDAH, "no encajabas" socialmente, incluso en términos de moda. Con seguridad has conservado la inseguridad sobre cómo te ves, o cómo te deberías ver, hasta la edad adulta, por lo que las preferencias textiles conforman un área de ansiedad para evitarse a toda costa. Es posible que seas demasiado cohibida dados los "fracasos" que has experimentado toda la vida en otros ámbitos, entonces esto sólo se suma al montón. Ya que cómo te vistes es la publicidad de tu identidad, exhibirte "para que el mundo" te juzgue sí puede ser sobrecogedor, especialmente si la noción de ti misma es vulnerable de por sí.

El armario del caos

Apuesto a que los armarios de nueve de cada diez mujeres que padecen TDAH no están lejos de ser zonas de desastre. La impulsividad entra en juego aquí, al igual que la adicción a las compras y los olvidos. ¿Cuántas blusas blancas necesitas en realidad? ¿Se te olvidó que ya tienes un bolso naranja que ha permanecido en su caja al fondo del clóset durante seis meses? Las compras excesivas aunadas a las problemáticas de la organización por lo general conducen al desorden. La saturación visual entorpece la búsqueda de atuendos apropiados cuando blusas, pantalones y todo lo demás se ha multiplicado en el clóset. Finalmente, la procrastinación no te permite *comenzar* a organizar el armario, y concentrarse en exceso no te deja *terminar*, lo cual hace estresante todo el proceso.

Texturofóbica

¿Recuerdas la historia de "La princesa y el chícharo"? La princesa no pudo dormir en toda la noche porque el chícharo que sentía debajo de veinte colchones y veinte colchas la molestaba. Muchas mujeres diagnosticadas con TDAH se identifican con la pobre princesa porque ellas también parecen ser extremadamente sensibles al tacto. La ropa de mujer, con frecuencia entallada y ceñida, se siente estrecha y sofocante. Las costuras en calcetas o ropa interior pueden ser insoportables. Ciertas telas como la lana o el poliéster están prohibidas, no sólo porque son incómodas, sino también porque producen sarpullidos en pieles sensibles. En un artículo de *Psychiatry Investigation* (*Investigación psiquiátrica*), Ghanizadeh (2011) afirma que "el TDAH y los problemas sensoriales suelen presentarse juntos e interactuar", y que "los problemas de procesamiento sensorial son más comunes en niños que padecen TDAH que un otros niños". La *sobre estimulación sensorial* es un incremento de reacciones negativas en la percepción sensorial (visual, auditiva o táctil). Quienes sufren de esto son demasiado sensibles y reaccionan de más a los estímulos. Otro texto sobre este tema, escrito por Bröring y otros especialistas (2008), muestra que la *defensividad táctil*, una reacción negativa a ciertos tipos de texturas o sensaciones, tiende a presentarse más en niñas que en niños diagnosticados con TDAH. Tiene sentido que estas sensibilidades, de las cuales la de los textiles sólo es una, se conserven mientras creces. Dado que la hipersensibilidad forma parte de las docenas de problemas que se relacionan con la ropa, ir de compras para probarse una prenda tras otra puede ser una experiencia dolorosa que prefieres evitar.

Como con lo relativo a la cocina, no todas las mujeres que sufren de TDAH pasan por estos problemas. Algunas son muy buenas para la moda y para crear atuendos hermosos. Pero a lo largo de los años, muchas mujeres me han hablado de los desafíos que esta área supone.

Entonces, o me visto de negro o ando desnuda, ¿no?

Además de adoptar la moda gótica o ser arrestada por exhibicionismo, existen varias sugerencias prácticas y realizables para ayudar a organizar armarios, coordinar atuendos, resolver el desorden de ropa, lavar e incluso comprar prendas. Aunque no todas son agradables, sin duda se pueden modificar. Considera los siguientes consejos para organizar y administrar tu ropa.

▧ *Organiza tu armario*

Enfrentar el armario puede parecer una explosión psicodélica de colores, texturas y tramas, especialmente si tienes poco espacio. ¿Cómo organizas tu ropa cuando contemplas un mar de telas? Puede ser muy agobiante, pero con algunas estrategias te darás cuenta de que el clóset no es un lugar tan intimidante.

El mágico contenedor de almacenaje: Un armario se puede desordenar con mucha facilidad si no tienes un sistema para organizar tus pertenencias. Una solución simple para administrar el exceso de artículos es guardar las prendas que no están en temporada en otro armario de la casa. Si esto no te es posible, colócalas en contenedores largos que puedas apilar en las repisas superiores, debajo de la cama o en algún otro espacio seco y seguro.

El viejo truco del gancho: ¿Te cuesta trabajo seleccionar cuáles prendas conservar y cuáles regalar? Decidir esto con base en la frecuencia de uso puede ser muy útil. En este sentido, el viejo truco del gancho es eficiente. Ordena la ropa en el armario con la punta de los ganchos apuntando hacia la pared. Después de usar una prenda, vuelve a colgarla pero con la punta del gancho hacia ti. Tras un año, revisa cuáles ganchos aún apuntan a la pared. Ésas son las prendas que no te has puesto en todo ese tiempo; si no lo has hecho, debe haber alguna razón. Tal vez no te quedan, pasaron de moda o simplemente ya no van contigo y por lo tanto deben salir de tu armario. Dónalas a alguna beneficencia o a amigas, porque ocupan mucho espacio.

Consejos adicionales

Existen cientos de trucos para administrar el desorden del armario. A continuación te presento algunos para mantener todo controlado:

- Guarda las prendas que no están en temporada en maletas vacías.
- Utiliza bolsas transparentes de plástico o zapateras de vinil colgadas detrás de la puerta para colocar bolsos, bufandas o joyería; así podrás ver con facilidad lo que contienen.
- Aprovecha los espacios muertos: los estantes para zapatos pueden ir debajo de las prendas que cuelgan. Agrega repisas superiores para las playeras, jeans y suéteres.

- Instala un tablero para clavijas en tu clóset para colocar collares, bufandas y bolsos.
- Cuelga tus bolsos en ganchos atorados al tubo de la ropa.
- Intenta rotular las repisas para colocar la ropa doblada y encontrarla con más facilidad.
- Coloca atuendos completos en ganchos, con accesorios incluidos. Agrúpalos por funcionalidad (para el trabajo, eventos sociales) y por estilos (deportivo, casual, formal).
- Organiza las prendas apiladas, como playeras o suéteres, para que sea más fácil encontrarlas (por color, por ejemplo).
- Establece áreas: blusas en una sección, pantalones en otra, o ropa para el trabajo en una parte y la ropa casual en otra.
- Ordena las prendas colgadas por color.

Hay muchísimas formas de organizar tu armario. Lo importante es que emplees sistemas que funcionen para *ti*.

Supera el desafío del "atuendo perfecto"

Si bien para muchas mujeres coordinar atuendos puede ser muy sencillo y placentero, para una mujer que padece TDAH esto puede ser equivalente a armar un rompecabezas de quinientas piezas con los ojos tapados y una pistola en la cabeza. No obstante, éstos son algunos trucos que pueden ayudarte a reducir el estrés y a obtener buenos resultados.

Busca tiendas que estén organizadas por color y estilo: Cuando vayas de compras, ubica las tiendas de ropa que acomoden sus productos por color y estilo para que puedas escoger con facilidad prendas que combinan entre sí. Estas tiendas acostumbran tener sitios web o catálogos, lo cual te da la ventaja adicional de ver modelos con esos atuendos para darte una idea de lo que estás buscando. Si odias las actividades relacionadas con la ropa, como lavarla y plancharla, puedes buscar prendas libres de arrugas.

Para conocer una lista de mis catálogos y distribuidores favoritos, visita <http://ADDconsults.com> .

Registra los atuendos que funcionan: ¿Ya estás harta de experimentar horas cada vez que te invitan a un evento social o de trabajo? Utiliza tarjetas de trabajo para anotar los atuendos que usas en cada uno. Describe los accesorios, el evento, la fecha, el clima y demás detalles pertinentes en la tarjeta. Conserva tus tarjetas en una cajita dentro del armario o en un fólder rotulado "atuendos". En lugar de las tarjetas, puedes tomar fotos de tu vestuario completo sobre la cama (o de ti misma mientras lo usas y te miras en el espejo) y organiza las fotos por categoría en tu teléfono o computadora. Puedes nombrar las carpetas "trabajo", "eventos en verano", "conferencias", "vacaciones de invierno", etcétera. Las tarjetas o las fotos serán recordatorios verbales o visuales para no tener que empezar desde cero cada que necesites vestirte para una ocasión particular.

Opta por una gama de colores minimalista: También es más fácil combinar ropa si usas una paleta minimalista. Elige dos colores neutros por temporada para la totalidad de tu ropa y luego agrégale unos cuantos colores para acentuar.

Elige atuendos antes de usarlos: Siempre selecciona tus atuendos y los de tus hijos una noche antes para evitar carreras de última hora y para asegurarte que tienes prendas limpias, planchadas y presentables. Si lo que eliges no se arruga, puedes incluso poner todas las piezas en un gancho y colocarlo en la manilla de la puerta. De esta forma podrás tenerlas listas la mañana siguiente, cuando tengas que apresurarte al trabajo o a la escuela. Otra opción, si la ropa de tus hijos no se arruga, haz que se duerman con la ropa que usarán al día siguiente puesta. Ésta es una gran alternativa para evitar las prisas matutinas.

Haz recordatorios de las prendas que deben lavarse en seco: Después de usar prendas que tendrás que llevar a la lavandería, ponlas aparte (o mejor aún, en tu auto). Esto hará que no se te olvide y que la ropa esté limpia para la próxima vez que la necesites.

Compra muchas calcetas y "uniformes": Para evitar la agonizante tarea de armar pares de calcetas y así ahorrar tiempo al momento de lavar ropa, compra varias prendas iguales, tales como jeans, calcetines y ropa interior. Si te parece aceptable la idea de tener una suerte de uniforme diario, ¡esto te funcionará! Después de todo, aunque rara vez los usaba, Einstein supuestamente tenía muchos trajes grises idénticos para no tener que elegir, y prefería ponerse un suéter holgado de algodón, no usar calcetas y calzar sandalias. Steve Jobs tenía su propio "uniforme" (un suéter de medio cuello de tortuga negro, jeans y zapatos deportivos) y Mark Zuckerberg, cofundador de Facebook, afirmó en un artículo de *Forbes* que tiene "tal vez veinte playeras grises idénticas" (Smith 2012). La actriz Jamie Lee Curtis le dijo a la Asociación Estadounidense de Personas Jubiladas (AARP, por sus siglas en inglés) "sólo me visto de blanco y negro... tengo un solo par de jeans" (citado en Alvarez 2008). Si estas celebridades pueden simplificar sus guardarropas, ¡tal vez tú también!

❦

Acabamos de revisar algunas provechosas estrategias para organizar y administrar la ropa que ya tienes, pero cuando necesites ropa nueva, ¿cómo encuentras los atuendos que realmente van contigo? ¿Cómo encontrar prendas cómodas y que te queden bien; es decir, prendas que sean un "éxito" para ti? Si padeces TDAH, "vestirse para triunfar" adquiere un nuevo significado, así que ¡veamos cómo puedes lograrlo!

Vestirse para triunfar

Si presentas sensibilidad táctil, tienes muchas opciones. Tal vez no te llevarán a la pasarela de Vogue, pero al menos te harán sentirte cómoda en tus zapatos. Deberás experimentar con varias alternativas. ¿Estás más cómoda con ropa ajustada, o con prendas holgadas y amplias? Algunas mujeres prefieren sábanas gruesas para dormir, ya que el peso tiene efectos relajantes, al tiempo que otras piensan que mientras menos peso mejor y se sienten sofocadas debajo del bulto de cobertores. Lo mismo pasa con la ropa, lo cual puede ser complicado al vestirse para el trabajo o para alguna salida especial de la que no te puedes librar de acabar envuelta en sudor. Algunas tiendas se especializan en prendas suaves tanto formales como casuales; incluso clasifican sus productos en escalas del uno al tres según la suavidad. Visita <http://ADDconsults.com> para ver una lista de estas tiendas.

Otros establecimientos ofrecen una gama amplia de prendas de corte al bies, la mayoría hechas con telas más suaves y sedosas, las cuales se agrupan por color y estilo; de esta forma es más fácil para las indecisas mujeres que padecen TDAH elegir atuendos que combinan. También puedes encontrar listas de estas tiendas en el sitio arriba mencionado.

La mayoría de las mujeres diagnosticadas con TDAH con las que he hablado profesan una profunda aversión a la lana y ciertas telas sintéticas, tales como la licra, el poliéster y el rayón. No les gustan las prendas rígidas o los pantis. La sensibilidad táctil es genial, por lo que encontrar telas, estilos y cortes cómodos te ayudará a vivir en tu propia segunda piel. Como la gran comediante Gilda Radner alguna vez dijo, "mi gusto por la ropa se basa principalmente en lo que no me dé comezón".

Los zapatos también pueden ser un problema. Dado que muchas mujeres con TDAH tienden a ser distraídas o inatentas, es bueno buscar zapatos que no sean sólo cómodos, sino también seguros para evitar tropezones. Considero que los zapatos bajos siempre son una mejor opción, y hoy en día existen muchos modelos lindos entre los cuales escoger. Mi solución para tratar mi sensibilidad táctil es usar ropa una talla más grande de la que soy. Cuando tengo ganas de sólo quedarme en casa, uso playeras de hombre, que son normalmente más anchas y más suaves; si tengo que usar algo que me irrita, como suéteres o blusas de lino rasposo, me pongo una playera ligera debajo para proporcionarle una barrera a mi piel. Éstos son otros consejos:

- Cuando estés relajada en casa, busca pantalones deportivos que no tengan cordón en la cintura, sudaderas grandes y zapatos deportivos anchos de la punta (o sandalias).
- Busca ropa muy suave. La lana es una gran opción para el invierno. Prendas de 100% algodón y las sudaderas también son delicadas con la piel.
- Puedes encontrar calcetas "sin costuras" en línea. (Visita <http:ADDconsults.com> para ver los sitios web específicos.)
- También puedes usar la ropa interior y los calcetines volteados para evitar que las costuras toquen tu piel.
- Si los collares te hacen sentir que te ahogas, mejor usa bufandas ligeras o un prendedor para complementar tu atuendo.
- ¡Quítale las etiquetas a tu ropa! Cortarlas o arrancarlas puede dejar orillas rasposas que resultan más molestas. Intenta usar un corta costuras para retirar las etiquetas o cinta adhesiva para dobladillo y cubrirlas.
- Algunas mujeres dicen que se sienten más tranquilas y cómodas vistiendo prendas ceñidas a la piel (la sensación es similar a la de las sábanas pesadas). Considera usar debajo de la ropa un traje de baño o un *body* que se abroche en la entrepierna, o ponte más capas de ropa para proporcionar el peso que tu cuerpo podría requerir.
- ¡Revisa tu detergente! Utiliza los que no sean agresivos ni tengan fragancia y agrégales suavizante. Lavar la ropa muchas veces antes de usarla también ayuda con lo rasposo.
- Las pretinas elásticas pueden ser grandes aliadas, pero sólo si te hacen sentir menos apretada que una pretina normal.

- A muchas mujeres que padecen TDAH no les gustan los cuellos amplios o en v. Los cuellos redondos son una mejor opción pero no son tan elegantes en ciertas situaciones, así que toma en cuenta que te puedes poner varias prendas una sobre otra.

Encontrar ropa que no te haga retorcerte de la incomodidad es sólo una parte del desafío que es ir de compras. Aparte tienes que abrirte paso físicamente por la tienda y navegar en el muy estimulante ambiente del centro comercial.

El ritmo de las compras

No hay forma de evitarlo: tienes que comprar ropa nueva. Los siguientes consejos podrían ayudar a que la experiencia sea un poco más agradable.

- Programa con tiempo. Ve de compras los días que te sientas bien; no vayas cuando estés irritable, cansada o apresurada. Ponlo en tu agenda como cualquier otro compromiso.
- Busca tiendas tranquilas que no sean agresivas con tus sentidos, donde la ropa no esté toda apretada en un solo lugar y haya suficiente "espacio para respirar". Con frecuencia es mejor comprar en boutiques que en grandes tiendas departamentales.
- Ubica las tiendas que tengan una iluminación amena en lugar de lámparas fosforescentes.
- Compra en tiendas que tengan muchos productos de lana.
- Intenta comprar ropa usada, la cual suele ser más suave por las lavadas y el uso.
- Busca tiendas pequeñas donde te puedan proporcionar atención personalizada o un asistente de compras. Toma

nota de quien te ayude para que puedas recurrir a esa misma persona la próxima vez que vayas.

- Lleva a una amiga, hermana o hija para que juegue a "la muñeca". A muchas mujeres les encanta diseñar atuendos y disfrutarían ayudarte. A cambio, invítalas a comer.
- Trata de comprar en línea o por medio de catálogos para evitar las sobrecargas sensoriales.
- Llévate ropa a casa para probártela. Esto es de mucha ayuda si necesitas más tiempo o si te molesta sentirte apresurada, o si no te gusta la iluminación, los vestidores o el acomodo general de la tienda. Regresa las prendas que no te gusten o no te queden.

Ahora tienes más trucos bajo la manga para armar tu guardarropa, pero una vez que tengas la ropa tienes que mantenerla limpia, así que veamos cómo hacer de ello una actividad menos tediosa.

Cómo superar el tedio de lavar ropa

Recuerda que lavar ropa también involucra el uso de la función ejecutiva. Las mismas problemáticas para clasificar, seguir una secuencia de pasos, considerar el paso del tiempo y superar distractores, aburrimiento y olvidos entran en juego. No tener ropa interior limpia o no encontrar dos calcetas que vayan juntas puede agregarle mucho estrés a tu rutina diaria. Si además tienes un hijo o más, eso te da el doble o triple de trabajo y agobio al momento de administrar la ropa sucia. Es probable que, aparte de esto, tengas que revisar a consciencia los pasillos del supermercado para encontrar productos sin fragancias e hipoalergénicos, dada tu sensibilidad sensorial, lo cual complica más el problema.

Puedes hallar muchas maneras de administrar el lavado de ropa, pero la mejor forma es encontrar un sistema que funcione para *ti*, no lo que le sirvió a tu mamá o a tu abuela. Abajo podrás ver algunas tácticas generales para enfrentar los obstáculos más comunes relacionados con el TDAH que se presentan con cada carga de la lavadora.

Necesitas tener dos cestos o contenedores de ropa: uno para los blancos y otro para la ropa de colores. Si tienes pareja o hijos, que cada persona tenga un par de cestos. Ponlos en donde se quitan la ropa. Si no van a estar en los dormitorios, baños o cuartos de lavado, que sean agradables para decorar. Sé realista. Si te vas a quitar la ropa mientras ves la televisión, ¡entonces pon los cestos en el cuarto de televisión! Los contenedores no tienen que ser caros ni elegantes. Puedes comprar cestos por muy poco dinero. Otro truco para facilitar la separación es comprar todas tus calcetas de un mismo color y estilo. Haz esto para toda la familia y así es más fácil evitar que aparezca el monstruo come calcetines. Si tus hijos tienen más o menos la misma edad, cómprales la misma talla, color de calcetines, ropa interior y divídeselas. Esto también simplifica el lavado de ropa.

¿Odias planchar? ¿Lo postergas hasta el último instante y entonces te das cuenta de que estás atrapada entre arrugas? No te preocupes. Agarra tu secadora de cabello y saca todas las arrugas de tu ropa. (Pero ten cuidado: si tienes la ropa puesta, es fácil quemarse.) Esto funciona mejor con telas delgadas. Algunas secadoras de ropa incluso tienen ciclos de vapor que previenen las arrugas; si la tuya lo incluye, ¡disfruta la nueva forma de "planchar"! (Sólo asegúrate de sacar la ropa justo cuando termina el ciclo, o terminarás donde empezaste.)

Cuando la ropa sucia sale del campo visual, también sale de la memoria

¿Tu nariz te recuerda que la ropa ya lleva tres días en la lavadora? Para evitar el "síndrome de la ropa limpia apestosa", toma en cuenta los siguientes consejos.

Utilizar una alarma es una excelente forma de ayudarte a administrar cada etapa de lavar y secar la ropa. Puedes programar una en tu horno, tu celular o tu computadora para recordarte cuándo es hora de pasar las prendas de la lavadora a la secadora. Incluso existen lavadoras y secadoras que tienen alarmas que no se detienen hasta que abres la puerta y pones la ropa en la secadora. También puedes usar un *mega mantra* (una palabra, sonido o frase que se repite para ayudar a concentrarte durante la meditación), como "lavar la ropa, lavar la ropa, tengo que lavar la ropa", para recordar todas las etapas.

Buenas relaciones con la rutina

"¡Noooo!", gritas; "¡rutinas no! ¡Son muy aburridas!". Para una mujer diagnosticada con TDAH, la palabra "rutina" puede parecer una grosería. Es cierto, las repeticiones y las rutinas no suelen ofrecer el impulso de creatividad y estimulación que tanto deseas, pero las rutinas propician tranquilidad mental tanto por cumplir con las tareas necesarias como por haber seguido un sistema que te hace avanzar y no dispersarte. Si te apegas a una rutina, pasarás menos tiempo buscando ropa limpia o corriendo a la lavadora para tener prendas listas de última hora. ¿Quién sabe? ¡No tener estrés o ansiedad podría hacerte más productiva! Nuevamente, encuentra algo que funcione para ti. Tal vez puedas lavar una vez a la semana (cada domingo, por ejemplo) o tal vez te resulte más fácil lavar una o dos cargas de ropa al día para no agobiarte. O incluso puedes "parear" esta labor con alguna otra (por ejemplo, poner la ropa a lavar antes de ver tu programa favorito). Parear actividades te ayudará a recordar cuándo es momento de lavar.

El baile de la ropa sucia

Como cualquier baile, lavar la ropa cuenta con pasos que debes aprender. Seguir pasos puede ser complicado para una mujer que padece TDAH, por lo tanto aquí incluyo algunos trucos. Escribe cada paso de la rutina para lavar ropa en una tarjeta grande o en un tablero y luego cuélgalo en la pared del cuarto de lavado. Puede ser algo como esto:

1. Haz tres montones:
   - Ropa blanca (agua caliente y blanqueador, si es necesario).
   - Colores claros (agua tibia).
   - Ropa oscura (agua fría).
   Consejo: yo lavo casi toda la ropa con agua fría excepto las prendas interiores, las calcetas y las toallas/blancos.
2. Lava la ropa interior y las calcetas primero. (¿Recuerdas el sistema de triaje? ¡Lo más importante antes!)
3. Pon la ropa en la secadora cuando esté lista.
4. Lava los jeans, ropa para el trabajo, playeras.
5. Tiéndelas para secar o ponlas en la secadora.
6. Lava las toallas y las sábanas.
7. Ponlas en la secadora cuando estén listas.
8. Separa, dobla y guarda las calcetas, la ropa interior y otras prendas. (Tal vez necesites alguna alerta para recordarte de guardar la ropa si acostumbras dejarla sin ordenar por días. Podrías proponerte guardar tus prendas antes de pasar a alguna actividad agradable, como navegar en internet, hablar por teléfono o ver la TV.)
9. Dobla las toallas y las sábanas, y colócalas en su lugar.

Ya tendrás tu propio sistema y probablemente sea distinto al de arriba. Está bien. Sólo trata de ser constante para que sea algo natural en ti. De esa manera no tendrás que inventar nuevos métodos cada vez que laves. Éstos son sólo unos cuantos consejos para dominar el lavado de ropa. Lo más importante es que halles lo que sirva para ti y que lo hagas tu rutina. ¿Pero qué pasa si *odias* por completo las rutinas?

Lavar ropa es tedioso. Es una actividad monstruosa que nunca termina, y como es repetitiva y aburrida (para la mayoría), probablemente evites encararla. Después de todo, para muchas mujeres diagnosticadas con TDAH las rutinas aburridas son casi imposibles de realizar porque ihay muchas otras cosas divertidas que hacer! La próxima vez que estés a punto de guardar la ropa limpia pero te pongas a pensar en lo *mucho* que tardarás y en lo *aburrido* que va a ser, tómate el tiempo. Es muy probable que el tiempo que tardes sea mucho menos del que crees (principalmente porque las tareas aburridas *parecen* llevar más tiempo del que en realidad requieren). Una vez que te des cuenta que guardar la ropa toma, digamos, quince minutos en vez de una hora, piensa en qué momento puedes incluir alguna tarea de quince minutos a lo largo del día (o la semana). Escríbelo en tu agenda o prográmalo en tu computadora o teléfono. O sigue el viejo adagio de Mary Poppins de que un poquito de azúcar te ayudará a pasar mejor la medicina. Enciende el estéreo y pon tu música favorita mientras trabajas, o dobla la ropa mientras ves tus programas favoritos.

Para enseñar a tus hijos a poner la ropa sucia en su lugar, isé creativa! Compra un cesto llamativo o coloca una red de basquetbol sobre la puerta del dormitorio. A tus hijos les encantará jugar a aventar la ropa a la red, lo cual la mantendrá lejos del suelo. Y por amor de dios, si tus hijos son capaces de lavar su ropa, idéjalos!

Una de las quejas que más escucho de algunas mujeres es que se frustran cuando los miembros de la familia, incluidas ellas, toman ropa limpia de los cestos antes de que ésta se haya guardado, por lo que así nunca llega a los cajones donde debe ir. ¿No sería fabuloso que los demás en la familia se encargaran de su propia ropa en lugar de tener que hacerlo por ellos, especialmente cuando tienes suficiente con tus propias prendas? Si te sientes exhausta sólo de ver las montañas de ropa limpia pero no logras guardarla, piensa a qué se debe. ¿Es acaso que no sabes cuál es su lugar? ¿Son muchas cosas que guardar? ¿No tienes tiempo? Analiza las razones una por una y luego busca las estrategias para resolver el problema. De nuevo, muchos problemas de desorden o de desorganización se pueden resolver con una introspección y con identificar qué es lo que desata el estrés.

Aunque comprar ropa, elegir atuendos, organizar y lavar la ropa o tratar con la incomodidad táctil pueda ser fácil para otras mujeres, recuerda que no eres la única que considera todo esto muy complicado y desagradable, aunque haya algunas que incluso puedan disfrutarlo. La neurobiología de tu TDAH te recuerda que debes encontrar maneras para hacer de estas obligaciones diarias algo menos estresante.

CAPÍTULO 6

CUANDO MAMI PADECE TDAH

Jake, de ocho años, corrió a la puerta principal y la azotó detrás de él. Al ver a su mamá, Liz, leyendo el periódico en la sala, plantó los pies frente a ella, temblando de coraje con la cara colorada. "El entrenador dijo que no puedo jugar en el equipo de fútbol porque nunca enviaste los documentos. Me prometiste que sacarías la cita con el doctor para que me hiciera el examen médico, pero...". Jake estaba tan furioso que empezó a llorar de la frustración.

Liz se estremeció mientras intentaba consolar a Jake, pero no encontraba las palabras. No sólo había olvidado llamar al doctor, sino que además había perdido los formularios. Se le caía la cara de vergüenza y se le rompió el corazón por haber decepcionado a su hijo, por defraudarlo una vez más con su mala memoria. Liz se deprimió de nuevo, abrumada por la culpa y la pena.

Haz lo que yo digo, no lo que yo hago

Si eres una mamá que sufre de TDAH, tal vez te has preguntado lo siguiente: *¿Por qué mi hijo no tiene una mejor mamá? ¿Cómo puedo manejar la desorganización de mi hijo cuando ni siquiera puedo con* *la mía? ¿Cómo le ayudo a mi hijo con la tarea si yo misma procrastino con mis quehaceres diarios?* Y peor aún, tal vez a veces crees que es difícil crear un lazo con tu hijo cuando andas en la luna. La exitosa autora y experta en TDAH, Sari Solden (2007, 1), describe este dilema de forma sucinta:

> Imagínate cómo sería la descripción para el puesto de ama de casa y niñera: es necesario proveer toda la organización y estructura para tres o más personas. Las tareas están pésimamente definidas, llenas de distracciones y requieren trabajo simultáneo constante. Debido a que la mayor parte del trabajo, incluyendo cocinar, limpiar y hacer la lavandería, es aburrida, usted debe ser capaz de trabajar sin necesidad de un nivel alto de interés o estimulación.
>
> La apariencia también es importante: usted debe crear un ambiente atractivo en casa, poner atención a los detalles de la decoración y a la vestimenta de los niños. Además, es importante mantener una conducta tranquila cuando cuide a los niños que, por definición, tienen problemas de atención y de comportamiento.

Muchas mujeres que padecen TDAH dicen que es más difícil quedarse en casa con los niños que ser una mamá que trabaja. Criar niños cuando padeces TDAH es más que un reto, pero el nivel de estrés aumenta cuando uno o más de tus hijos también padecen TDAH.

DE TAL PALO, TAL ASTILLA

El TDAH es comúnmente transferido por genética, así que no es raro que las mujeres que padecen TDAH tengan uno o más hijos que también sufran del trastorno. Un estudio realizado en 1996 por Biederman y sus colegas afirma que "se ha reportado un fuerte incremento (57%) en el riesgo para los adultos que sufren de TDAH de tener hijos con dicho trastorno" (343). Esta situación provoca que, como dice el dicho, "un ciego guíe a otro ciego" cuando las madres que padecen TDAH intentan enseñarles a sus hijos las mismas cosas con las que ellas luchan todos los días. Aunque los síntomas del TDAH son fundamentalmente los mismos tanto en niños como en adultos, difieren en cómo se manifiestan. Veamos una comparación de los síntomas más comunes del TDAH en ti y en tu hijo que también padece TDAH y sus consecuencias.

La procrastinación es uno de los síntomas más comunes del TDAH, pero también uno de los más desafiantes. Así como tu hijo espera hasta el último minuto para entregar la tarea, tú postergas tus deberes en el trabajo. Para ambos, la descarga de adrenalina por ansiedad suele ser el estímulo que los obliga a terminar tus proyectos, pero, por desgracia, el producto final puede verse afectado.

Pero mamá, ¡la escuela es tan aburrida!

La falta de atención es otro de los síntomas más comunes del TDAH tanto en niños como en adultos. Si tu hijo no pone atención en la escuela, se le puede escapar información importante para algún proyecto escolar, lo cual lo arriesga a obtener una baja calificación. A ti, como adulto, tal vez se te olviden firmar los documentos de la escuela de tus hijos, mandarles el almuerzo o hacer citas regulares con el dentista. Incluso puede ser que ni siquiera te des cuenta de que la ropa ya les queda chica y se les ven los tobillos por debajo de los pantalones, o de que no le has dado dinero para gastos a tu hija en tres días.

Mamá, ¿me estás escuchando?

Tu hijo también puede verse afectado por tu falta de atención. Tristemente, esa falta de atención puede provocar una "desconexión" con tu hijo. Por ejemplo, si pasas horas en el muy estimulante mundo de la computadora, tu hijo puede interpretarlo como que no te preocupas por él. Esto puede ocasionar problemas importantes en su relación, como sensación de rechazo. Por ejemplo: "La verdad es que no le importo a mi mamá; está más interesada en jugar en la computadora". Tu hijo podría experimentar depresión por sentirse rechazado o portarse mal para llamar tu atención. La consecuencia es una baja autoestima porque no estás presente en sus actividades si, por ejemplo, olvidas asistir a sus eventos deportivos o no tienes lista su ropa para dichos eventos.

Saltar al vacío... sin paracaídas

La impulsividad es actuar sin pensar en las consecuencias: un niño empuja, de manera impulsiva, al niño de enfrente en la formación de la escuela o una mujer deja su cuenta del banco en números rojos por el impulso de comprar. Como mamá, es probable que tengas mucha dificultad para establecer horarios para tus hijos y apegarte a ellos, o quizá se te escapan cosas que hieren los sentimientos de tu hijo y que lamentas.

Cuando mamá está a reventar de energía

Al igual que la impulsividad, la hiperactividad puede ser un obstáculo para ser una buena madre. Con hiperactividad, ¿cómo se crean lazos con un hijo que prefiere la tranquilidad de los juegos de mesa y ver televisión? Para los niños que padecen TDAH es imposible quedarse quietos en clase, mientras que una mamá hiperactiva no le tiene paciencia a un niño callado e introspectivo que quiere que su mamá le lea un cuento antes de dormir, o ir a obras de teatro, al cine y otras actividades que requieren un ritmo más lento y poner atención. El niño podría interpretarlo como que a su mamá no le importa.

Demasiado ruido, demasiado molesto, demasiado todo

Los niños acostumbran ser desordenados, ruidosos y exigentes, lo cual te puede causar mucho estrés si eres hipersensible o reaccionas de forma desmesurada. Si te exasperas con facilidad, puedes perder la paciencia con los miembros de tu familia por cada pequeño error que cometan, mientras que los niños que suelen reaccionar de forma exagerada por lo general lloran por cualquier contratiempo, como no poder amarrarse las agujetas. Por mucho que adores a tu hija, si eres hipersensible, tal vez detestes que salte encima de ti, te encaje los dedos y te jalonee. Los gritos y el llanto te pueden sacar de quicio y hacerte sentir mal porque sientes que eres intolerante al comportamiento normal de los niños.

El reloj de arena de la autoestima

Los desafíos que enfrenta una mamá diagnosticada con TDAH pueden hacer que la autoestima caiga en el pantano de la depresión. Pensamientos como *¿por qué no puedo ser una mejor mamá?*, *¿por qué ni siquiera puedo hacer de comer?* pueden detonar sentimientos de culpa, rabia y vergüenza. Es posible que la gente te tache de "mala madre" porque no controlas el comportamiento de tus hijos en público; otros te critican por no ser capaz de administrar tu hogar. Tal vez tus hijos se sientan avergonzados de invitar a sus amigos a la casa y, por lo tanto, se aíslen socialmente. Es muy probable que desarrollen ansiedad o tomen responsabilidades extra para compensar por tus supuestos déficits y olvidos, como limpiar o recordarte eventos próximos, lo cual te hace sentir aún peor.

En términos generales, las mamás que sufren de TDAH acostumbran sentirse abrumadas y cuestionan su aptitud para ser madres. No obstante, existen otras formas de facilitar tu vida y la de tus hijos. Ahora que ya tienes más claro cómo tu TDAH puede hacer más difícil ser madre, sobre todo si tu hijo también padece TDAH, veamos algunas posibles soluciones.

Hazte la vida más fácil: ¡hay esperanza!

A pesar de todos los desafíos, ser una mamá que padece TDAH no es el fin del mundo. Las madres impulsivas también pueden crear un hogar lleno de aventuras y actividades divertidas y salidas espontáneas. Estas actividades pueden incluso fomentar la creatividad y probar cosas nuevas. En su libro de 2011 *TDA: Controlando la hiperactividad (Driven to Distraction)*, los expertos en TDAH, el Dr. Edward Hallowell y el Dr. John Ratey afirman que "la creatividad es una impulsividad bien canalizada" (219). Demos un vistazo más a fondo y revisemos algunos consejos para ayudarte a reducir el estrés de ser mamá.

CÓMO CONVERTIR UNA SESIÓN DE TORTURA EN LA HORA DE LA COMIDA

Es el momento de olvidarte de lo que tu abuela y tu mamá solían decirte acerca de lo que una comida "debería" ser. La hora de la comida sale bien solamente cuando se hace para tu familia en particular. Si tienes un hijo que padece TDAH, las reglas deben cambiar. Aunque quisieras que tus hijos se sentaran en silencio todos los días junto con la familia, a veces esto no es posible. Si tu hijo es demasiado hiperactivo y sencillamente no puede permanecer sentado el tiempo que dura una comida familiar, considera la idea de dejar que tu inquieto hijo se levante mientras come o se siente en una pelota inflable. Si eres tú la que tiene dificultades para permanecer sentada en la mesa con tu familia y poner atención a lo que todos cuentan sobre su día, te haría bien usar una pelota antiestrés de esponja para relajarte, o salir a caminar antes de la hora de la comida para eliminar un poco de energía. También podrías hablar con tu médico para ajustar tu medicamento y asegurarte de que te funcione durante esta parte tan importante de tu día y del de tu familia.

La sincronización lo es todo

Muchos niños que sufren de TDAH y están en tratamiento médico constante por lo general no tienen apetito hasta entrada la tarde, cuando disminuye el efecto del medicamento. Muchos experimentan un "rebote", lo cual quiere decir un empeoramiento en los síntomas o irritabilidad, al disminuir el efecto del medicamento. Si obligar a tu hijo a quedarse sentado en la mesa le provoca estrés (o algo peor), considera dejarlo que coma más tarde en una habitación más tranquila, tal vez incluso frente a la televisión: las comidas familiares suelen ser demasiado estimulantes, y pretender que se siente en silencio puede ser mucho pedir para él. Para el niño que regresa hambriento de la escuela por la misma razón (disminución del efecto del medicamento), ¿por qué no prepararle la comida más temprano? Así puede reunirse con la familia en la mesa por un rato y levantarse si es necesario, o incluso acompañarlos para el postre si comió antes.

Claro que no todos los niños padecen TDAH. Si tus hijos no lo padecen, tal vez seas tú quien se abruma en la mesa porque, después de todo, ellos siguen siendo niños, con o sin TDAH. Otro consejo es darles de comer a tus hijos antes de que tú comas. Puedes tan sólo sentarte y platicar con tu familia sobre su día y después servirte a ti (y a tu pareja) con más tranquilidad. Intenta crear un ambiente relajante con música suave para moderar los estímulos que reciben los niños inquietos. Para ajustar las reglas aún más, puedes ayudarte de la televisión para calmar las cosas; esto les dará a tus hijos algo en qué enfocar su atención en lugar de estar inquietos. ¿Cuál es el resultado? Comidas más tranquilas para todos.

Aunque no lo creas, sí hay formas de disfrutar de una comida en paz. Tal vez estas ideas te funcionen a ti y a tu familia. Planear con anticipación para no tener que apresurarte a la hora de hacer la comida te será de mucha ayuda. Si éste no es tu caso, porque tener la televisión encendida, lejos de ayudarte, crea aún más estimulación y caos, apágala junto con los teléfonos para tranquilizar el ambiente.

Las comidas "instantáneas" que requieren poco tiempo de preparación no son un lujo, sino una solución a un problema real. Pídele a tu pareja o a tus hijos que te ayuden a sobrellevar este momento tan agitado del día. Si tu hijo padece TDAH o alguna otra condición, pídele que haga quehaceres de acuerdo a su humor y capacidades. Quizá pueda hacerse cargo de recoger la mesa o de limpiar la barra de la cocina.

ESTAR AL FRENTE DE LA CLASE

Al igual que la hora de la comida, las exigencias de la escuela pueden hacer que una mamá que padece TDAH quiera saltar a un precipicio. Ya es bastante difícil para ti cumplir con tus obligaciones: trabajar, mantener la casa en buen estado, planear las vacaciones, agendar citas, ir de compras, y muchas más. ¿Cómo equilibrar también las necesidades de tu hijo en la escuela? Aquí tienes algunos consejos para ayudarte a estar al corriente en todo.

■ *Dejar de pelear por la tarea*

Supongo que tu hijo y tú siempre discuten a la hora de hacer la tarea. Muchas madres que padecen TDAH dicen esto a menudo, y lo he vivido en carne propia con mi hijo. Los padres sienten la obligación de asegurarse de que su hijo sea responsable, pero para una mamá que sufre de TDAH esto puede ser incluso más difícil que la tarea misma. La relación con tu hijo es mucho más importante que la tarea, así que si ésta representa un obstáculo y de pronto te sorprendes peleando y estresándote al respecto, mejor busca a un estudiante de preparatoria o de universidad para que venga a suplirte como la dictadora de la tarea. Un buen tutor puede ayudar a tu hijo a desarrollar estrategias en esta área, así como puede ofrecerte consejos sobre cómo ser un mejor apoyo para tu hijo.

Abogar por tu hijo que padece TDAH en la escuela

Si tu hijo padece TDAH (o requiere alguna atención especial), podría ser candidato para recibir servicios especiales en la escuela. No todos los niños que padecen TDAH cumplen con los requisitos, así que es importante hablar con el profesor o ir directamente con el director de educación especial de tu localidad, si lo hay. Muchos padres se sienten incómodos al revelar el TDAH de sus hijos a las autoridades escolares: les preocupa que los colegios los rechacen si saben que necesitarán servicios especiales debido a su trastorno. Sin embargo, en la mayoría de los casos, no notificarlo significa que el niño no recibirá los servicios que le permitirán tener éxito, y como resultado será un niño frustrado y con bajas calificaciones que repercutirán en su autoestima. Mientras más exitoso sea tu hijo ahora, más exitoso será en la universidad. Un colegio no puede discriminar a estudiantes con capacidades diferentes, y como ya he dicho, el TDAH es, por ejemplo, una discapacidad que se incluye en la Ley sobre Estadounidenses con Discapacidades (ADA, por sus siglas en inglés).

Buscar ayuda en la escuela para tu hijo es un proceso abrumador para todos los padres, pero sobre todo para las mamás que padecen TDAH. Es posible que te estrese la cantidad de papeleo, la frecuencia de las juntas y la necesidad de darle seguimiento al proceso. Siempre es buena idea acercarse a los profesores. Una forma sencilla de hacerlo es intercambiar correos electrónicos para que sea más fácil y rápido. Si necesitas recurrir a programas individualizados de educación (IEP, por sus siglas en inglés) o a lo que en Estados Unidos se le conoce como planes de educación 504 (los cuales garantizan servicios y facilidades especiales para tu hijo), lo más recomendable es contratar a un abogado de lo familiar que te pueda orientar en el proceso. Visita <http://ADDconsults.com> para obtener una lista abogados pertenecientes al Consejo de abogados y defensores parentales (COPAA) o a la Red nacional por los derechos de incapacidad, en Estados Unidos. Algunas veces también es necesario contratar a un abogado especialista en discapacidades si no llegas a un acuerdo con la escuela para que te brinden apoyo y servicios para tu hijo. En Estados Unidos, los abogados están agrupados por estado en el sitio web del COPAA, <http://www.copaa.org>.

Ingreso y procesamiento de la información

Si los documentos de tu hijo no llegan a la escuela firmados porque los perdiste o se te olvidaron, puedes usar dos carpetas para el kit de supervivencia de tu hijo: una para los documentos que trae a casa y necesitan tu atención y otro para documentos que hay que enviar de regreso a la escuela. Etiquétalos "para casa" y "para la escuela" o cualquier cosa que a ti te funcione. Revísalos de inmediato, lee, firma, haz un cheque o lo que se requiera, y luego guarda el documento en el folder "para la escuela". Si tienes más de un hijo, haz un juego de carpetas para cada uno; etiquétalas con sus nombres. Para simplificar el sistema, puedes usar folders de diferentes colores, por ejemplo, rojo para "urgente, hazlo ahora" o verde para "enviar a la escuela".

Éste es un sistema a prueba de fallos para asegurarte de que las tareas, los proyectos y la comunicación entre profesor y padre sean atendidos. Pero, ¿qué pasa si a pesar de tus esfuerzos tu hijo se sigue metiendo en problemas por olvidar la tarea o los documentos? ¿Deberías hablar con los profesores acerca del TDAH?

- *¿Lo digo o no lo digo?*

En mi experiencia, desafortunadamente, muchos profesores no entienden el TDAH o ni siquiera creen que exista. Incluso podrían tener la actitud de que deberías "superarlo" y controlarlo con madurez como la adulta que eres. En lugar de usar el término "TDAH", es mucho mejor describir tus dificultades, por ejemplo: "soy una persona ocupada que se desorganiza con facilidad y a veces pierdo los documentos que mis hijos necesitan que les firme. ¿Sería posible que me informen de las tareas (o actividades escolares, o lo que sea) por algún otro medio para poder asegurarme de responder a tiempo?", o "mi memoria ya no es lo que solía ser. No olvido los documentos a propósito; le pido una disculpa. Si no le llegan, le agradecería mucho que me enviara un recordatorio por correo electrónico".

EL DEBER DE HACER QUE LOS NIÑOS CUMPLAN CON SUS DEBERES

Como si estar al corriente con la tarea no fuera lo suficientemente difícil, ¿qué pasa con los deberes de tus hijos? A nadie le gusta hacer quehaceres, y las mamás que padecen TDAH evitan a toda costa discutir con sus hijos. Simplemente es muy desgastante. Considera la posibilidad de dejárselo a tu pareja si es posible. Sin embargo, como padres, juntos decidan quién hará cuáles quehaceres, tomando en cuenta la opinión de tu hijo. Aquí hay algunos consejos para aligerar la carga:

- *Un poquito de azúcar...*

Trata de encontrar complementos divertidos para los deberes de tu hijo. Las recompensas funcionan, aunque si tu hijo padece TDAH, éstas necesitan ser inmediatas. Prueba con anotar las tareas en trozos de papel, dóblalos a la mitad y métchos en un tazón: que elegir las tareas sea un juego para tu hijo. En otro tazón, escribe las recompensas que recibirá cuando termine sus deberes. Las recompensas pueden ser una hora más de ver televisión o jugar en la computadora, una excursión especial con alguno de los padres, etcétera.

Háganlo por turnos

Los niños trabajan mejor con uno de los padres a su lado. Puedes poner música divertida y bailar con tu hijo mientras limpia su cuarto. No le digas que limpie su cuarto: eso es agobiante. Desglósalo en pasos más fáciles, por ejemplo: "primero vamos a levantar los juguetes y la ropa del piso para ponerla en su lugar". Actúa como niña, convierte todo en un espectáculo donde tu hijo sea la estrella y tú la directora. Si tu hijo padece TDAH, déjalo escuchar música con sus audífonos para no distraerse de sus deberes. Cuando el niño crezca, déjalo invitar a un amigo a la casa para que lo ayude con los quehaceres mayores a cambio de ayudarle a él después (claro, ¡primero háblalo con los padres del amigo!).

Siempre a la vista

Intenta usar una gráfica para llevar el registro de los quehaceres y coloca casillas al lado de cada una cuando se hayan completado. Pon la gráfica en un lugar a la vista para que tu hijo y tú estén al corriente. Aparta un tiempo específico del día para que tu hijo haga sus deberes; así será más difícil para ambos olvidarlo.

Elige tus batallas

Sería sensato bajar tus expectativas, ya que esto les hará la vida más fácil, tanto a ti como a tu hijo. ¿En verdad es necesario que haga su cama todos los días? ¿Vale la pena discutir si no terminó de recoger la mesa? Es muy probable que algunas veces necesites ayuda profesional si las cosas se salen de control, por ejemplo, cuando tu hijo reacciona en formas que le puedan causar, a él o a alguien más, un daño físico o emocional, sobre todo si pelea contigo cuando le pides algo. O tal vez miente de manera compulsiva o acostumbra culpar a los demás y tus castigos no son efectivos. Es importante contactar a un profesional de la salud mental que tenga mucha experiencia con niños que padecen TDAH. Hay un directorio de profesionales en Estados Unidos en mi sitio web <http://ADDconsults.com>, y otro buen recurso para buscar apoyo aquí, Niños y Adultos con TDAH (CHADD). Si te encuentras en Estados Unidos, llama al 1-800-233-4050 para ponerte en contacto con la oficina nacional. Ahí te darán el teléfono de la sede local de CHADD. El coordinador te puede proporcionar algunos nombres de profesionales en tu localidad (doctores, terapeutas y otros) que tienen experiencia en trabajar con niños y adultos que padecen TDAH. Si no hay una sede cerca de ti, busca en el directorio en línea en <http://www.chadd.org>, pero sobre todo no lo hagas todo tú sola. Tu hijo necesita aprender habilidades prácticas en casa, y negociar los deberes es parte de brindarle una disciplina positiva al criarlo.

DE "LA HORA DE PELEAR" A "LA HORA DE DORMIR"

Si tomas medicamentos para el TDAH, sus efectos, por lo regular, disminuyen justo cuando más los necesitas: a la hora de acostar a tu hijo. Puede que experimentes un rebote y tengas menos paciencia y menos reserva. ¿Cómo manejarlo?

La constancia es tranquilidad para todos

Los niños necesitan saber qué esperamos de ellos; esto también es cierto a la hora de dormir. Sé muy constante con su horario: a las

7:30 p.m. se apaga la tele, a las 8:00 p.m. ya debe haberse bañado y las luces se apagan a las 8:30 p.m. Se dice fácil, pero como mamá que sufre de TDAH, la constancia no está en tu ADN. Si tienes pareja, pídele que supervise la hora del baño mientras tú te encargas de contar cuentos antes de dormir; o tomen turnos, un día sí y un día no. Si eres madre soltera, pídeles ayuda a tus familiares y amigos. La maternidad no es para débiles, y cuando le sumamos el TDAH, es esencial recibir toda la ayuda posible. También contratar a una niñera para que te ayude algunos días de la semana con la hora de dormir es un gasto que vale la pena; con frecuencia es un momento vulnerable para ti y lo último que quieres es involucrarte en una discusión emocional con tu hijo. Tú necesitas un respiro y él necesita dormir.

■ ¡Ponlo en una gráfica!

Los apoyos visuales, repito, son en extremo útiles porque no sólo te ayudan a mantener un sistema, sino también a dejar de parecer "la mala del cuento". Trabaja con tu hijo (si tiene edad suficiente) en crear una lista de cada paso a seguir a la hora de acostarse. Colócalo en un poster en la pared de la habitación o del baño. A los niños les encanta marcar casillas; simplemente haz una lista impresa con casillas y dile que le ponga una palomita a los pasos que haya completado. ¿La recompensa? Cinco minutos más de leerle un cuento, un dulce especial del hada de los dulces bajo su almohada en la mañana, calcomanías y demás cosas divertidas.

■ Desconectarse

Muchos niños que padecen TDAH por lo regular son más activos cuando es hora de acostarse. Si toman medicamentos, pueden experimentar un rebote que empeore los síntomas del TDAH. Aquí tienes algunos consejos para que todo el mundo se relaje: date a ti y a tu hijo un tiempo de desconexión antes de dormir. Nada de televisión, computadora ni juegos de video desde, al menos, una hora antes de apagar las luces. Dale a tu hijo un masaje y luego un baño tibio con música suave, tranquila y relajante (como la música clásica) sin letra. Lean un libro, acurrucados.

Algunos niños se tranquilizan con los espacios pequeños y encerrados o la ropa más apretada. Puedes comprar una tienda de campaña sencilla para ponerla sobre la cama para darle a tu hijo una sensación de estar en el vientre. Los mamelucos también ofrecen esa sensación, así como usar trajes de baño de una pieza o un leotardo bajo el pijama. Hay un producto que crea destellos de luz en el techo o la pared; tu hijo puede seguir el ritmo de las luces con su respiración, lo que le ayudará a dormir con más facilidad. Visita mi página web <http://ADDconsults.com> para las especificaciones de todos estos productos.

Cuando lo has intentado todo

Algunas veces nada funciona con el TDAH de tu hijo. Si esto te pasa a menudo, quizá necesites buscar ayuda profesional. Pídele al pediatra algunas ideas o trabaja junto con un terapeuta ocupacional. Él puede recomendarte una "dieta sensorial": formas de ayudarte a tranquilizar a tu hijo por medio de varias técnicas. Lo más seguro es que el pediatra pueda referirte con alguien, o puedes buscar algunos profesionales en el hospital infantil más cercano.

Si mamá no está feliz, nadie lo estará

Muchas mujeres que padecen TDAH tienen hipersensibilidades y a menudo se sienten abrumadas, y ser madres acentúa estos problemas. Si le gritas a tus hijos con frecuencia o sientes una desesperación constante, o incluso depresión, es tiempo de tomar cartas en el asunto. Tu obligación como mamá es la más difícil de todas, así que es importante encontrar maneras de reducir el estrés.

PROTÉGETE DE LA TORMENTA

Cuidar de ti misma debe ser prioridad porque nadie más puede hacerlo por ti. Si es posible, escápate una vez al mes para revitalizarte. Quédate una noche en un hotel o con una amiga o familiar que no tenga hijos. Deja a los hijos con tu pareja, un miembro de la familia en quien puedas confiar o una niñera. Date un respiro con frecuencia. Una mamá agotada no es una mamá paciente ni eficiente. Con mis hijos, me tomó un largo tiempo aceptar que necesitaba seguir este consejo para no perder la cordura. Descubrí que ir a conferencias profesionales fuera de la ciudad me brindaba un maravilloso respiro del estrés de ser madre, al tiempo que me daba la oportunidad de conocer a otros adultos que compartían mis intereses y pasiones.

PEQUEÑOS RESPIROS

Los pequeños respiros pueden rescatarte de sentirte abrumada. Cuando sientas que estás a punto de explotar porque tu hijo te sacó de tus casillas, date un respiro antes de hacer o decir algo de lo que te puedas arrepentir. Pídele a tu pareja que se haga cargo mientras retomas fuerzas. Explícale este plan con anticipación a tu familia para que entiendan por qué de pronto desapareces. Esto no sólo aliviará la tensión y te dará un tiempo para calmarte, sino que también será un modelo de comportamiento para tu hijo, quien aprenderá a retirarse a su habitación en situaciones de estrés para tranquilizarse.

Es difícil pasar de un día de trabajo a tu responsabilidad como madre. Después del trabajo, ve un rato a una cafetería para relajarte y recuperar fuerzas antes de llegar a casa; inclúyelo en tu horario de todos los días. Si no puedes hacerlo, simplemente quedarte dentro del carro cuando lo estacionas, meditar, escuchar música relajante o tomar una pequeña siesta antes de entrar a casa harán la diferencia.

No importa si eres una mamá que trabaja o si te quedas en casa: contrata a una niñera aunque estés ahí. Es muy importante tener tiempo para ti misma para descansar, leer un libro o salir a tomar un respiro. ¡Sólo hazlo!

Muchas mamás se descuidan a sí mismas por cuidar a los demás, sobre todo si padecen TDAH y tienen un hijo que también padece TDAH. Revisa el capítulo 11 para obtener más ideas sobre cómo cuidar de ti misma y encontrar el equilibrio que tanto deseas. Recuerda que éstos son solamente ajustes necesarios, no lujos. Debes quitar la culpa de tu diálogo interno y usar estas estrategias para superar algunos de los años más difíciles de tu vida.

Cuida tu autoestima como un tesoro

Perder la autoestima porque luchas todos los días con tu TDAH mientras intentas cumplir con las exigencias de cuidar de tus hijos no es una opción. Al contrario, tú puedes hacer algo por tu autoestima en declive. Volverte proactiva y desarrollar habilidades autodefensivas te ayudará a salir del aprieto y te dará una fortaleza tremenda. No es fácil y toma tiempo, pero ¡puedes hacerlo!

■ Sé tu propia defensora

Concientiza a tu pareja, a los miembros de tu familia y a tus amigos cercanos sobre tu padecimiento de TDAH y cómo te afecta como madre. Podrías considerar invitar a la familia cercana o amigos a una de tus citas con el doctor o a una terapia para que reciban ayuda profesional para apoyar tu necesidad, tu *derecho*, de ser comprendida.

Incluso puedes contarle sobre tu TDAH al profesor de tu hijo, quien comprenderá mejor las dificultades relacionadas con la escuela que describí antes. Pero, única y exclusivamente si estás convencida de que el profesor será comprensivo y alentador en lugar de que te critique e ignore tus esfuerzos. Si el profesor duda de ti o niega que el TDAH siquiera exista, muéstrale tu expediente médico con el diagnóstico (pero sólo si te sientes cómoda al hacerlo) y pídele que lea artículos que puedes imprimir de internet, puesto que se ha escrito mucho sobre el tema, o un libro sobre TDAH; ¡tal vez este libro!

▣ *Ámate aceptando ayuda*

Pedir ayuda puede ser muy difícil, pero necesitas hacerlo y aceptar la ayuda ofrecida. ¿Qué mejor ejemplo de autoestima que decirle a tu pequeña "está bien pedirle ayuda a tu profesor, cariño", si tiene problemas en la escuela?

Trabajar con un asistente en TDAH o asistir a terapia con un terapeuta capacitado para tratar con adultos que padecen TDAH te ayudará a poner las piezas en su lugar, así como a entender cómo te afecta el TDAH. A veces la gente necesita ayuda concreta (y profesional) para aprender a amarse a sí mismos.

▣ *Dile adiós a las apariencias*

Acepta que lo que tal vez funcione para los hijos de tu hermana podría no funcionar para los tuyos. Deja de comparar tu situación con la suya, o con la de otros que no tienen que enfrentar diferencias. Acepta tus diferencias (tu TDAH) a sabiendas de que así es como funciona tu cerebro y de que no es tu culpa: no es un defecto de la personalidad o del carácter. Para poder avanzar hacia una autoestima saludable, necesitarás cambiar las expectativas que tienes sobre ti y sobre tus hijos; redúcelas un poco si es necesario, para poder ser realista. Parte de la autoaceptación es aprender a perdonarte en tiempos difíciles. Un mega mantra para ayudarte a no perder la cordura y mantener tu autoestima saludable puede ser "esto es por mi latoso TDAH".

■ *Ninguna mujer está sola*

Quiero recalcar que necesitas apoyo tanto emocional como práctico. Es de esperarse que haya más caos, desorganización y tensión en tu hogar del que hay en muchos otros. Evita "amigos" que no entiendan tu situación o que presuman a sus hijos "perfectos". También ten en cuenta que las apariencias engañan. Estas familias "unidas" pueden estar enfrentando sus propias crisis en privado. Busca amigos que puedan admitir que sus hijos también son un desafío. Considera hacer amistad con otras mujeres que padezcan TDAH y que luchen contra éste como tú lo haces. Hay grupos locales de apoyo en muchas ciudades, así como grupos de apoyo en línea. Ser una mamá que padece TDAH suele ser un desafío, de eso no hay duda, pero no tiene por qué dañar tu autoestima. Estar consciente de tus dificultades y encontrarles soluciones puede hacer toda la diferencia. Tal vez descubras que tu TDAH ¡también tiene sus ventajas! Tu pensamiento creativo, tu gama de intereses y tu alma cálida y sensible pesan más que las desventajas, siempre y cuando logres aceptarlo y avanzar con tus fortalezas.

No hay duda de que vivir con TDAH es un desafío, y ser una mamá que padece TDAH es aún más desafiante, pero usar los consejos de este capítulo te ayudará a aligerar la carga. Sólo tienes una oportunidad de ser la madre de tus hijos. Puedes elegir darte por vencida, o puedes buscar formas de convertir ésta en la parte más emocionante de tu vida. Sin duda, vale la pena el esfuerzo.

CAPÍTULO 7

DETÉNGASE, EN NOMBRE DEL AMOR

Una noche, luego de una grata cena con amigos, Ale se dirigió a la cocina para servir más café. El corazón le dio un vuelco cuando, sin querer, escuchó a su novio, Rob, decirle a su amigo, Mark, entre risas: "hombre, ya no sé qué hacer. La verdad es que no puedo vivir con ella, pero tampoco sin ella. La mayor parte del tiempo, me vuelve loco, ¡pero caray!, ella me soporta". Tiró la toalla de la cocina y corrió al baño, aguantándose las lágrimas.

Una cosa es que una mujer tenga que lidiar con las consecuencias de su TDAH, pero todo cambia si le sumamos el impacto que éste tiene en sus relaciones. Muchos expertos en relaciones han generado su propia versión de las etapas que atraviesan las parejas. Con base en esa investigación y en mi propia experiencia, he identificado las cuatro etapas principales de las relaciones de pareja y lo que éstas exigen de una mujer que padece TDAH. Por favor toma en cuenta que no todas las parejas pasan por las cuatro etapas dado que la relación puede terminar en algún punto del camino:

- Etapa 1: conocerse mejor.
- Etapa 2: pasar a algo serio.

- Etapa 3: después la luna de miel.
- Etapa 4: amor maduro.

Esta lista da por hecho que conociste a alguien en tus veinte y que cada etapa dura al menos cinco años. Por supuesto, cuando conoces a alguien nuevo, vuelves a empezar. Empezaremos con la primera etapa que va desde que conoces a alguien por primera vez hasta las etapas tempranas en que se empieza a formar un lazo.

Etapa 1: conocerse mejor

Puede ser que esto de las citas sea algo nuevo para ti, así seas divorciada, viuda, mayor, joven, heterosexual o gay. Sin importar la etapa de tu vida o tu orientación sexual, si buscas una pareja romántica y sufres de TDAH, tal vez experimentes toda una gama de desafíos que van más allá de lo típico. Los problemas para el subtipo hiperactivo son diferentes que para el subtipo inatento. La impulsividad está a la cabeza de la lista para el subtipo hiperactivo, como veremos a continuación.

AMANTES EN SERIE (DIVERSIÓN PARA ADULTOS)

Si eres hiperactiva e impulsiva, ansías la estimulación y aborreces el aburrimiento. Muchas mujeres hiperactivas permanecen solteras y se convierten en "amantes en serie" porque le tienen miedo al aburrimiento de quedarse con una sola pareja "hasta que la muerte los separe". Tal vez ya tuviste tu cuota de aventuras pasajeras que te han dejado sintiéndote vacía y desprotegida. La emoción de subirte a la montaña rusa no es eterna. Entonces te levantas del suelo, humillada y herida por haber permitido que, una vez más, tu impulsividad se apoderara de ti. Sin embargo, si eres del subtipo inatento, tienes otros problemas con los cuáles lidiar.

Si eres del subtipo inatento, cuando empiezas a tener citas tu falta de atención puede estar a tope. ¿Cómo crear lazos con alguien con esa estruendosa música de fondo en el bar y el zumbido del ventilador encima? ¿Y si lo interrumpes a cada momento por la preocupación de que se te olvide lo que decías, sin mencionar esa molesta voz autocrítica en tu cabeza que no deja de pensar en tus fracasos anteriores?

El subtipo inatento se cohíbe con facilidad y es extremadamente introspectivo; en pocas palabras, eres tu propia inquisidora. Puede que te preocupes hasta el cansancio por la impresión que le das a tu acompañante: *seguramente piensa que soy estúpida porque no puedo seguir la conversación o encontrar las palabras adecuadas. ¿Me veo bien? ¿Estoy hablando lo suficiente? ¿O demasiado?* Tu diálogo interno sobre fracasos anteriores en las relaciones también puede entrometerse cuando te preocupas de "arruinar otra vez las cosas" como siempre.

Etapa 2: pasar a algo serio

Las cosas empiezan a calentarse y la relación pasa a algo más serio. Aún te comportas y mantienes tus síntomas bajo control, pero ¿cómo continuar sin echarlo a perder? Tienes tantas ganas de que esto funcione, pero también miedo de que él te rechace. A diferencia de una discapacidad física, tu TDAH puede no notarse al principio, pero conforme pases más y más tiempo con tu nuevo interés amoroso, los síntomas pueden salir a la luz.

Deja de intentar ocultarlo

¿Cómo saber cuándo es el momento de hacerle saber tu secreto? Puede ser aterrador revelar algo que evidencie tus imperfecciones, pero es importante establecer las bases para una relación amorosa y honesta. ¿Cómo comunicarle esto a tu nuevo amor si la comunicación en sí tiene sus propias dificultades?

ÉL DIJO, ELLA DIJO

La comunicación, de por sí, puede ser difícil para la mayoría de las parejas algunas veces, pero si le sumamos además los muchos síntomas del TDAH, el asunto empeora. En la fase de pasar a algo más serio, la pareja empieza a compartir secretos, hablar de temas más serios, revelar más defectos y llevar las cosas a un nivel más profundo. Como a muchas mujeres que padecen TDAH, puede ser que te cueste trabajo hablar de dichos temas porque eso saca a flote tus sentimientos de inseguridad y miedo al fracaso más profundos. A causa de tu ansiedad, probablemente tengas pensamientos caóticos o desorganizados, o tal vez interrumpas, te adueñes de la conversación o te cierres por completo.

Debido a que el cerebro con TDAH trabaja a la velocidad de la luz, es posible que siempre vayas diez pasos adelante de tu pareja en una conversación. Con seguridad te impacientas y quieres avanzar y con frecuencia interrumpes, en parte por miedo a que se te olvide lo que querías decir o sólo porque te mueres de aburrimiento mientras esperas que la otra persona vaya al grano. Muchas mujeres dicen que es como estar atascada en el tráfico; los adultos que padecen TDAH son muy impacientes y no toleran los embotellamientos, hacer filas y situaciones similares, lo cual puede ser un desencanto para tu pareja.

Si todo sale bien, tú y tu pareja se comprometerán a estar juntos, ya sea en matrimonio o en unión libre. El entusiasmo y la novedad de tu nueva relación en ocasiones mantiene los síntomas a raya, o al menos hace que tu pareja acepte tu forma única de ser, sin darse cuenta de que, tal vez a la larga, lo que ahora le parece interesante y atractivo pueda causar fricciones importantes entre los dos. Como te darás cuenta, los patrones cambian, y es ahí cuando empiezan los problemas.

Etapa 3: después de la luna de miel

En la tercera etapa su amor se vuelve más fuerte, pero la dicha de la vida de recién casada ya no te ayuda a sobrellevar los altibajos de todos los días. Probablemente tienes más responsabilidades en el trabajo y se están adaptando a vivir juntos o comenzar una familia; todo esto mientras aprenden el ritmo el uno del otro, qué les molesta y qué les gusta. Conforme las cuentas, la ropa sucia y la basura se acumulan entre noches sin dormir y bebés que lloran, las fechas importantes se olvidan y el mal humor se hace presente, lo cual aumenta las posibilidades de un conflicto. Estos agentes estresantes pueden causar que tus síntomas del TDAH se incrementen de forma exponencial. Con tal torbellino de exigencias, éste es el momento en el que querrás buscar ayuda si aún no te han diagnosticado con TDAH formalmente.

Mientras más cómoda te sientas en tu relación y conforme la intensidad se desvanezca, quizá se vuelva más difícil crear un lazo con tu pareja. Tal vez estés concentrada en un proyecto de trabajo o estés distraída por la constante atención que exigen tus hijos pequeños. De pronto, tu pareja se vuelve una molestia; se le olvida bajar la tapa del escusado, y en tu estado de reacción desmesurada lo tomas como que en realidad no le importas. Comentarios personales e inocentes pueden ser tomados como crítica y herir tu susceptibilidad, lo cual puede hacerte explotar o cerrarte.

Manejar el conflicto: ¿pelear o escapar?

¿Sabías que las discusiones pueden ser una fuente de esa estimulación que tu cerebro ansía? ¿O que puede ser que empieces una pelea porque estás aburrida y quieres liberar energía acumulada? Muchas mujeres que padecen TDAH hacen ejercicio de más, se enganchan en videojuegos, actividades en la computadora o comen demasiado como una forma de estimulación. Entonces, ¿qué mejor blanco para tu frustración que la persona que ves todos los días? ¿Tu pareja te ha hecho preguntas o comentarios como los siguientes alguna vez?

- ¿Por qué siempre estás en desacuerdo con todo lo que digo?
- Lo único que quieres es pelear.
- ¡Déjame en paz!
- Sólo quiero ayudar; no te desquites conmigo.

Si es así, entonces tal vez es hora de que te preguntes si hay una parte de ti a la que le gusta la adrenalina de una buena pelea o, si eres del subtipo inatento, puede que en lugar de empezar una pelea te obsesiones, te cierres o hagas tormentas en vasos de agua, comportamientos que pueden llevar a conflictos innecesarios. De cualquier forma, si no canalizas este comportamiento desde el principio, puede volverse algo permanente en tu relación.

Cuando el sexo duele

La *defensividad táctil* (hipersensibilidad al tacto) puede ocasionar que los momentos íntimos sean difíciles. Quizás has logrado fingir o aguantarte al principio, pero ahora compartes una vida en pareja; no puedes fingir para siempre.

Al igual que muchas mujeres hiperactivas/impulsivas anhelan el contacto físico intenso para calmar su sistema nervioso, si eres defensiva táctil, posiblemente el sexo sea por completo incómodo e incluso doloroso. Tal vez te duela que tu pareja te toque de forma brusca, o por el contrario, muy suave. Es probable que te retraigas y que termines por evitar el sexo en general. Durante todos estos años, a lo mejor has pensado que eres la única, pero puedo asegurarte que las situaciones antes descritas son bastante comunes. Estos problemas en la intimidad pueden ser muy inquietantes, incluso para parejas que están en verdad enganchadas.

Etapa 4: amor maduro

A estas alturas, tu pareja y tú ya se sienten cómodos el uno con el otro y han establecido rutinas funcionales. Sin embargo, luego de años de intentar arreglártelas con todo, tal vez por fin lleguen las consecuencias. El cambio hormonal de la menopausia por lo regular viene acompañado de agotamiento, agobio, frustración o depresión. Puede que te sientas tentada a salirte del camino debido al aburrimiento de la rutina. En este punto, es probable que ya hayas sobrepasado los límites de resentimiento de tu pareja, al punto de estar "harta" y querer terminar.

Para muchas mujeres los problemas cognitivos se intensifican en la mediana edad por la premenopausia o la menopausia. La atención disminuye junto con la concentración y la memoria, sin mencionar la disminución de la libido, lo cual representa un doble problema cuando se trata del sexo para la mujer que padece TDAH, ya sea porque busques más estimulación y variedad en la habitación, o porque quieras correr y esconderte siempre que tu pareja intenta empezar una relación sexual.

Ahora tu cuerpo está cambiando. Tal vez tengas que lidiar con un aumento de peso o con los efectos de la gravedad en tu cuerpo. Puede que ya no te sientas tan atractiva físicamente y que vuelvan esos viejos problemas de autoestima y de no sentirte atractiva que tenías en la adolescencia.

No todas las relaciones se ven afectadas de manera tan profunda por el TDAH. De hecho, tu eterna creatividad y espontaneidad pueden darle vida a un matrimonio que, de otra forma, sería aburrido y predecible. Un compañero que es tranquilo y estable podría agradecer la personalidad colorida de su esposa.

Entender tu TDAH, buscar ayuda profesional (como terapia de pareja con un terapeuta que entienda el TDAH a la perfección) y tener estrategias para lidiar con éste pueden darle la vuelta a tu relación. Veamos algunas soluciones para cada una de las etapas que pueden ayudarte con eso.

Soluciones para la etapa 1: conocerse mejor

El entusiasmo de iniciar una nueva relación amorosa alborota al cerebro con TDAH, pues le ofrece la estimulación que necesita, casi como una taza de café le ayuda a tu cerebro a despertar en la mañana, pero multiplicado por diez mil. Cuando el amor, como un golpe de cafeína, prácticamente te hace sentir que vuelas, ¿cómo mantener los pies en la tierra y estar a salvo? ¿Cómo mantener la concentración? Por encima de todo, así seas inatenta o hiperactiva/impulsiva (o una combinación de ambas), es muy importante que recibas el tratamiento adecuado para sobrellevar el TDAH antes de involucrarte en una relación. Dando por hecho que ya estás recibiendo ayuda, aquí hay algunas sugerencias para controlar a tu cerebro con TDAH cuando se enamora.

¡LIBIDO, ESTATE QUIETA!

Si tu impulsividad contribuye a que tomes decisiones equivocadas y peligrosas, piensa con anticipación y busca alternativas. Si sabes que eres capaz de irte con un desconocido que acabas de conocer en un club nocturno, deja de ir a clubes nocturnos, ¡sobre todo si hay alcohol de por medio! O ve con una amiga de quien dependas para regresar a casa. Aún mejor, ve en grupo para que sea más difícil el contacto uno a uno, en especial si una amiga cercana entiende

Title: Tao, el alimento del alma :
Item ID: 31994015054833
Due: 08/29/2019
Title: La reina de la distracciâon :
Item ID: 31994015494856
Due: 08/29/2019
Title: Terapia Gestalt :
Item ID: 31994015702019
Due: 08/29/2019

tu personalidad impulsiva y puede intervenir. Intenta evitar ir hacia donde tu impulsividad te pueda poner en peligro. En cambio, espera el contacto uno a uno en lugares que sean seguros y te permitan tener una conversación de verdad con un prospecto de cita, como una reunión pequeña con amigos o en un encuentro grupal basado en tus intereses, como la fotografía. La impulsividad también se puede controlar con medicamentos para el TDAH, así que puede ser de ayuda hablar de manera franca con tu doctor. Así podrás pensar antes de actuar y evitar un comportamiento impulsivo y, por lo regular, peligroso.

Hazte cargo de tu entorno

Conocer gente nueva con frecuencia es insoportable para el subtipo inatento y callado. Los clubes nocturnos y los bares, y otros lugares ruidosos, pueden ser demasiado intensos para ti. Busca lugares silenciosos con menos gente, para que te sea más fácil interactuar con los demás. Inscríbete a clubes y actividades que se relacionen con tus intereses. Si te cohíbes muy fácil, asegúrate de hacerle preguntas a la otra persona. Esto lleva la atención hacia él, y a la mayoría les gusta hablar de sí mismos; los hace sentir especiales y valorados. Cuenta con tus amigos y familiares para que te consigan citas con quienes ellos crean que sería un buen partido para ti.

Digamos que ya tuviste éxito con la primera etapa y ¡encontraste a alguien! Conforme tu relación avanza hacia algo más serio, ¿cómo hacerla funcionar cuando tu TDAH quiere hacerte tropezar?

Soluciones para la etapa 2: pasar a algo más serio

No hay nada más emocionante que sumergirte en una relación que parece funcionar. La intensidad del amor y la novedad del mismo son literalmente estimulantes por sí mismas. Concentrarte puede resultar más fácil porque todo lo que tiene que ver con la idea de una pareja es fresco y novedoso.

Sí, cariño, te escucho

Sin duda alguna, la buena comunicación es la base de una relación fuerte y sana. Sí, padeces TDAH y tendrás que trabajar más duro. Sin embargo, el resultado de tu esfuerzo valdrá la pena a la larga; habrás adoptado el hábito de mantener las líneas abiertas para discutir tus necesidades y las de tu pareja.

Lidiar con distracciones en una nueva relación puede ser un desafío, sobre todo a la hora de comunicarse. Debido a que muchas mujeres que padecen TDAH son altamente visuales, siéntate con tu pareja de forma que puedas ver su boca, seguir sus palabras y también verlo a los ojos. Estos "imanes" o indicadores visuales pueden ayudarte a permanecer conectada.

Tus sentimientos, en especial durante los primeros años de la relación, pueden ser bastante intensos, y la intensidad puede volverse agobiante algunas veces. Si eres del subtipo que es en demasía introspectivo e inatento, es probable que sientas y reacciones con mucha profundidad. Para protegerte del agobio, intenta repetir las palabras de tu pareja en tu propia cabeza; ponte en sus zapatos. Por ejemplo, si dice algo tan inocente como "¿aún no has decidido qué vas a ordenar?", tal vez de inmediato te sientas avergonzada o en evidencia porque te distrajiste con la plática de la mesa de al lado. En lugar de tomarlo como una crítica personal, trata de imaginar la forma en la que él vive ese momento: tan sólo se dio cuenta de que aún no has ordenado. No hay ningún juicio sobre ti. Solamente está haciendo un comentario y tal vez hasta una propuesta de ayudarte. Ponerte en su lugar te sacará de ti misma y te ayudará a vivir en el momento. Además, los estímulos adicionales del contacto físico, como sostener la mano de tu pareja mientras hablan, pueden ayudarte a permanecer en el aquí y el ahora.

Muchas parejas de quienes padecen TDAH se quejan de que sus contrapartes se van por la tangente o cambian de un tema a otro sin una conexión clara de ideas, sobre todo cuando se trata de un tema emocional, lo que dificulta a la otra persona seguir la conversación. En su libro, *What Does Everybody Else Know That I Don't?* (*¿Qué es lo que todo el mundo sabe menos yo?*), Michele Novotni (1999, 144) señala que muchas personas que padecen TDAH cambian el tema de conversación con frecuencia. Tal vez para ti sí exista una relación entre los dos temas, pero la otra persona puede no verlo así y puede sentirse por entero perdida. Novotni sugiere que "regreses a la conversación explicando cuál es la relación en tu mente", así, si te descubres saliendo por la tangente, asegúrate de explicar cómo, en tu cabeza, ambos temas se relacionan. Esto hará que los demás te vean como una buena escucha.

Cuando estás llena de emociones tu cerebro no funciona de manera óptima y puede ser bastante difícil pensar con claridad, lo cual hace más complicado tu papel en la conversación. Cuando te prepares para tener una conversación seria con tu pareja, escribe los puntos más importantes que quieres compartir. Esto te ayudará a aclarar y solidificar tus pensamientos. Si la conversación es espontánea y no tuviste tiempo de prepararte, en lugar de salir corriendo o cerrarte, intenta alguna de estas frases: "lo que intento decir es..." y "lo más importante que quiero que entiendas es...".

Parafrasear en voz alta puede ayudarte a seguir conectada y a dominar la impaciencia. Al menos puedes repetir las palabras de tu pareja en tu mente. Otro truco es practicar la respiración profunda para calmarte mientras escuchas y concentrar tu atención en alguna parte de tu cuerpo, como tus manos, para volver a tu cuerpo y estar presente.

Si acostumbras adueñarte de la conversación, un problema común de la impulsividad, necesitarás aprender la danza de la comunicación, para que haya un equilibrio (dar y recibir) en tu comunicación. Intenta esto: cuenta un minuto o dos mientras hablas, detente y dale a la otra persona la oportunidad de responder. Cuenta hasta tres en tu cabeza o golpea sutilmente la punta de uno de tus dedos con la punta de tu dedo pulgar tres veces. Novotni (1999) sugiere aprender de otras personas; escuchar una conversación en la plaza comercial, o en algún otro lugar público, y observar cómo las personas hablan entre sí: pausando y asintiendo, y dejando que la conversación fluya sin interrupciones.

Una de las cosas más difíciles de hacer en cualquier relación es revelar información personal que es importante que la otra persona sepa. En este caso, es tu TDAH. ¿Se lo dices? ¿Cómo? ¿Cuándo?

■ ¿Cuándo revelar tu TDAH en una relación?

¿Qué debes decir y cuánto debes revelar? Mi sugerencia es que reveles tu TDAH en grados, según el nivel de compromiso de tu relación.

■ Tómatelo con calma

Al principio de tu relación, que es cuando se están conociendo mutuamente, no hay necesidad de excederte con las revelaciones. Demasiada información puede asustar a una persona, y quienes padecen TDAH acostumbran tener una tendencia impulsiva a hablar demasiado sobre asuntos personales. Es mejor empezar de a poco, con descriptores en vez de poner todo el diagnóstico en la mesa. Por ejemplo, "me cuesta trabajo organizarme y ser puntual. A veces, soy olvidadiza. ¿Cómo dijiste que te llamabas? Ja, ja, ja". Cuando las cosas avancen a algo más en serio, será momento de abrirte a temas personales, y lo será también para tu pareja.

■ *Avanzar hacia el compromiso*

Si tu relación progresa y ambos quieren un compromiso más profundo el uno con el otro, será momento de que tú y tu pareja se abran y discutan sus vulnerabilidades, sus secretos y lo que necesitan "sacar a la luz" para que la relación pueda progresar de forma amorosa y honesta. Para empezar, explícale que los comportamientos que describiste antes son síntomas de TDAH y que a ti te lo han diagnosticado. No hagas que parezca una sentencia de muerte, porque no lo es, pero sí aclara que los síntomas te afectan y que puede que le afecten también a él. Es muy importante que él entienda qué es el TDAH y cómo manejarlo, y es igual de importante para él saber que recibes ayuda y que está bajo control (isi es que lo está!). Si buscan algo más serio, necesitas decirle que el TDAH es un trastorno genético. Recuerda el estudio realizado por Biederman y sus colegas en 1996 que afirma que "se ha reportado un incremento en el riesgo de padecer TDAH (57%) en los hijos de personas que padecen TDAH". Es justo contárselo de antemano a tu pareja.

Ahora, recuerda que todo el mundo tiene problemas, y aunque el TDAH pueda parecer enorme para ti, puede que para tu pareja no lo sea tanto. Comparte tanto tus desafíos como tus fortalezas como individuo único y también como mujer que padece TDAH. Tu TDAH no te define, sólo forma parte de quién eres. Con seguridad, tu nueva pareja también tiene sus flaquezas. Tal vez podrías sacar el tema de forma amable pero juguetona: "me dijiste que eres malo en los deportes. Pues yo soy mala para doblar ropa".

DE ACUERDO, CAMARADA, NECESITO QUE ME ENTIENDAS

Si ya estás comprometida con una relación a largo plazo pero tu pareja no te toma en serio, no cree que el TDAH exista, o se toma tu comportamiento como algo personal, tienes que instruirlo sobre el TDAH. Pídele que lea el excelente libro TDA: *Controlando la hiperactividad* (*Driven to Distraction*), de los doctores Hallowell y Ratey, o invítalo a asistir a los grupos de apoyo. En Estados Unidos, Niños y Adultos con TDAH (CHADD) tiene sucursales en muchas ciudades grandes (visita <http://chadd.org>).

Aprovecha que estás en la etapa romántica de tu relación para pedirle a tu pareja que se dé un tiempo para conocerte todavía más a fondo. Ahora que han estado juntos y tienen una relación en serio, tal vez tu pareja ya tenga una mejor idea de lo que es el TDAH y cómo te afecta a ti, a él, a su relación y a sus amigos y familiares.

Soluciones para la etapa 3: después de la luna de miel

Cuando los tórtolos se convierten en una pareja comprometida el uno con el otro, su relación cambia una vez más. Ahora que ya forman un equipo de manera formal y se conocen mejor mutuamente, ambos se dan cuenta de cómo tu TDAH les afecta como pareja y como familia.

LA IMPORTANCIA DE UNA ACTITUD POSITIVA

No puedes permitir que tu pareja critique o se queje de tus actitudes relacionadas con el TDAH más de lo que lo haría si tuvieras una discapacidad auditiva y necesitaras que él hablara más fuerte y claro. En una relación saludable y amorosa se deben apoyar las necesidades del otro con empatía y bondad. El TDAH no desaparece y no se cura, pero si recibes la ayuda que necesitas para lidiar con tus síntomas y que éstos no te estorben, le demostrarás a tu pareja (¡y a ti misma!) que puedes tener algo de control sobre la situación.

Desde el inicio, explícale la diferencia entre permitir y apoyar. Tal vez necesites repetirle esto varias veces durante los primeros años de tu relación, hasta que en verdad lo entienda. Permitir es tratarte como una criatura indefensa. No estás indefensa. Eres un adulto perfectamente capaz que necesita una ayudadita de vez en cuando. Es importante recibir su apoyo y que esté contigo sin ser condescendiente, sin hacer el papel de padre o hacer menos tu condición de adulta inteligente, sana e independiente. Explícale por qué necesitas ayuda externa en la casa, como, por ejemplo, una ayudante de limpieza. Si tu pareja no tiene tiempo o no está disponible para ayudarte, contratar a una ayudante de limpieza no sería un lujo, como no lo sería adquirir un aparato para la sordera; seguramente hay momentos en los que tu pareja necesite de *tu* ayuda. Cuando, con amabilidad, le señales la diferencia entre permitir y apoyar, le ayudarás a "entenderte", sobre todo si nunca le enseñaste cómo es vivir con TDAH. Pídele que se enfoque en tus fortalezas más que en tus debilidades, igual que querría que lo hicieras tú con él. Padecer TDAH no es el fin del mundo, y con el debido tratamiento y una pareja atenta y comprensiva, lo positivo pesa más que lo negativo.

Cuando el tdah te sigue hasta la habitación

Para empezar, lee tanto como puedas sobre el TDAH y las relaciones para entender mejor cómo tu TDAH interfiere con tu intimidad. (Visita <http://ADDconsults.com> para encontrar una lista de libros sobre el tema.) Es muy probable que tus dificultades hayan sido crónicas y que ni tú ni tu pareja siquiera entiendan cuál es la conexión. Con el entendimiento viene la capacidad de resolver problemas.

▪ *Actuar contra la distracción*

Si la distracción es un problema, hay algunas cosas que puedes hacer para mantenerte concentrada. Empieza con lo básico:

- Debido a que lo más probable es que el efecto de tu medicamento haya disminuido ya entrada la noche, tus síntomas pueden salirse de control. Si esto interfiere con tu intimidad, habla con tu doctor para modificar el medicamento. Puede ayudar una dosis extra o tomar tu medicamento más tarde. (Importante: no hagas cambios en tu medicamento sin hablarlo primero con tu médico.)
- Si el aburrimiento es un problema habla con tu pareja sobre formas de hacer que el sexo sea más emocionante. Intenta nuevas posiciones o lugares (privados, por supuesto) y lee libros o busca algunos consejos en línea.
- Apaga todas los distractores: la televisión, las luces (aunque para algunos, ver más en lugar de ver menos es de ayuda) y los teléfonos.
- Establece citas románticas con anticipación para ayudarte a ponerte de ánimo. Muchas mujeres se han quejado de que las sugerencias espontáneas por parte de su pareja son muy difíciles debido a que por su TDAH les cuesta trabajo pasar de una cosa a otra. Pídele a tu pareja que programe una hora o que te dé pistas suficientes y mucho tiempo para que puedas centrar tu atención.
- Vayan a paseos románticos con regularidad, en donde sólo se concentren en el otro. Si tienen hijos, pídele a tu familia o amigos que los cuide para que tengan privacidad total. Aunque sea un fin de semana de vez en cuando, es importante tomarse el tiempo para conectarse.

Habla sobre cómo te sientes y lo que experimentas durante la relación sexual como una forma de permanecer conectada y concentrada (siempre y cuando esto no te distraiga aún más). Mírense a los ojos para incrementar esos sentimientos de conexión.

Lo que para una mujer que padece TDAH se siente bien puede ser completamente distinto para otra mujer con el mismo trastorno. No esperes que tu pareja te lea la mente. Explícale y muéstrale lo que te gusta y lo que no. Algunas mujeres que sufren de TDAH sienten que el sexo les ayuda a calmar su sistema nervioso gracias al peso del cuerpo de su pareja. Muchas mujeres me han dicho que su cuerpo hiperactivo/impulsivo ansía ese tipo de experiencia sensorial y que el acto sexual en sí mismo suele pasar a segundo plano. Es parecido al efecto tranquilizador de dormir debajo de cobijas pesadas. Una mujer hiperactiva puede encontrar placentera la actividad sexual gracias al intenso contacto físico, la emoción del momento y el movimiento físico desinhibido que involucra. Una mujer inatenta e hipersensible necesita mucho tiempo para "calentarse" y es probable que sea muy específica sobre cómo quiere que la toquen. Independientemente del subtipo al que pertenezcas, la comunicación amorosa pero transparente es necesaria para que hacer el amor sea placentero para ambos. La intimidad tiene muchas facetas, físicas y emocionales. Tener una relación estable requiere de una habilidad para la buena comunicación en general. Las habilidades de comunicación que practiques cuando se trate de asuntos de sensibilidad, como el sexo, pueden ser de utilidad para tu pareja y para ti a la hora de enfrentar conflictos.

EL CONFLICTO PUEDE SER PRODUCTIVO, PERO LA ARMONÍA ES AÚN MEJOR

Conforme la vida se vuelve más complicada, lo mismo sucede con tu relación de pareja. Suceden tantas cosas, y tu TDAH puede, y suele, interponerse y causar tensión entre tu pareja y tú. Lo primero que puedes hacer es tomar medidas preventivas para manejar tu estrés y reducir los síntomas, lo cual te ayudará a reducir el conflicto, sobre todo si tiendes a iniciar peleas sólo para desahogarte. Aquí hay algunos puntos para recordar:

- Identifica los agentes estresantes. ¿Tener que estar al día con los quehaceres? ¿Hacerte cargo de los niños? Contrata ayuda externa (una niñera o una ayudante de limpieza) cuando tengas una sobrecarga de estrés. Si el gasto es un problema, puedes hacer un intercambio con los vecinos.
- ¡Haz ejercicio, ejercicio y más ejercicio! Está comprobado que es la mejor medicina para el TDAH.
- Nútrete con pasatiempos, salidas con amigos, baños calientes, cualquier cosa que te agrade.
- Duerme y aliméntate bien.

Una vez que tu sistema nervioso esté en forma, estarás en una mejor posición para resolver conflictos de formas más productivas. Para la mujer inatenta aquí hay algunos consejos que podrían funcionar.

▪ Inatentas, ¡agarren al toro por los cuernos!

Si eres del subtipo inatento, con seguridad evitas el conflicto a toda costa, lo cual se convierte en combustible para tu rabia y para el resentimiento de tu pareja. Para evitar la inundación de emociones, la falta de palabras y la incapacidad de mantener el control a la hora de un conflicto, intenta permanecer en el presente. Respira profundo para tranquilizarte. Si ya sabes, de antemano, que tendrás una discusión incómoda con tu pareja, ensaya lo que quieres decirle para sentirte más segura. Intenta plantear tus quejas como problemas que necesitan ser resueltos en lugar de señalar y culpar, lo cual sólo hará que tu pareja se ponga a la defensiva y monte en rabia o algo peor. Si es necesario, retírate hasta que estés más tranquila, luego regresa y mantente firme pero calmada hasta que logres transmitir tu mensaje. Recuerda dar y recibir, escuchar y hablar, y cuando sea posible, habla en primera persona, por ejemplo: "siento que en realidad no te importan mis sentimientos cuando haces comentarios sarcásticos sobre...". Es fácil engancharte tanto en el conflicto que tus inseguridades pueden regresar, hacerte sentir vulnerable y molesta, y te pueden hacer reaccionar de más.

■ Cómo evitar que hierva el agua

Cuando tú y tu pareja han estado juntos por un tiempo, conocen sus puntos débiles. El menor indicio de crítica puede desatar discusiones encendidas. Si se hace el inocente y te critica por ser "demasiado sensible", explícale de manera tranquila que tu sensibilidad es muy real, causada por tu cerebro y a partir del TDAH. Descríbele el lado bueno de la hipersensibilidad, como, por ejemplo, tu capacidad de preocuparte a profundidad por los demás, por el estado del planeta, la ecología y otros problemas, así él podrá poner tus sensibilidades en una balanza. Si las críticas que salen de la nada te desvían de tus quehaceres, pídele acordar un tiempo para discutir lo que a él le inquieta para que así tengas tiempo para prepararte emocionalmente. Algunas veces, cuando las cosas se ponen demasiado intensas, puede funcionar enviarse un correo electrónico, así tienen tiempo de reflexionar y poner sus sentimientos y pensamientos en palabras que de otra forma se podrían malinterpretar por la intensidad del momento.

Además de los conflictos con tu pareja, es posible que también haya conflictos con el resto de la familia. Como es natural en las familias, los problemas surgen, así que planea reuniones familiares mensuales o semanales. Para establecer el tono, menciona las cosas positivas de cada quien. Por ejemplo: "fue muy considerado de tu parte que cambiaras los focos sin que nadie te lo pidiera. Lo valoro mucho". Luego hay que hablar sobre el problema como eso, un problema, y pedir que todos aporten ideas para resolverlo. Para desarrollar buenas habilidades comunicativas se necesita mucha práctica, pero a la larga esas habilidades te permitirán trabajar en áreas de conflicto con menos sentimientos heridos. Puedes aprender estas habilidades desde el principio de tu relación, y eso te ayudará a lo largo de los años que pasen juntos. Sin embargo, cuando crees que ya dominas el arte de las relaciones, las cosas cambian otra vez.

Soluciones para la etapa 4: amor maduro

A estas alturas ya se sienten cómodos el uno con el otro y quieres sacar ventaja de esta comodidad para ser aún más cercanos en lugar de quedarse atrapados en la rutina. Algunas mujeres impulsivas/hiperactivas pueden sentir la tentación de "explorar" fuera del matrimonio para acabar con el aburrimiento. Si eres inatenta, tal vez te aburres demasiado de lo rutinario pero no tienes idea de cómo cambiarlo, así que te cierras mentalmente. Además de las escapadas regulares para mantener encendida la llama, intenten juntos hacer algo diferente para cambiar la rutina, como tomar lecciones de baile; si ven televisión todas las noches, traten de hacer algo nuevo, como ir a jugar minigolf o explorar otras actividades que a ambos les gusten. Inviten a sus amigos a un restaurante o al cine. Para mantener una relación viva, haz cosas inesperadas: déjale una nota de amor en donde la pueda encontrar. En el libro *A.D.D. & Romance* (*T.D.A. y el romance*), Jonathan Scott Halverstadt sugiere utilizar los síntomas de tu TDAH, como la impulsividad, para enriquecer tu relación. En un ejemplo, describe un momento en el que se detuvo en la tienda para comprar medicina y vio un oso de peluche. Como sabía que a su esposa le encantaba coleccionarlos, lo compró junto con un ramo de sus flores favoritas: claveles rojos. Las sorpresas pueden ayudar mucho a inyectar un poco de energía positiva. También solemos olvidar hacerles cumplidos a las personas con las que hemos vivido durante tanto tiempo, y en su lugar, señalamos sus defectos, así que busca una manera de halagarlo por algo todos los días.

ACEPTACIÓN DE 360 GRADOS

Uno de los beneficios de hacerse mayor es la oportunidad de experimentar la vida a través del cristal de la aceptación. Esto significa aprender a aceptar no sólo los defectos de tu pareja, sino también los tuyos. Esta aceptación puede incluir el perdonarte a ti misma por cosas que no puedes cambiar, así como trabajar en cambiar aquellas que sí puedes.

Practica verte a ti misma como alguien que es capaz y que tiene dones y fortalezas. Todos las tenemos, pero puede ser difícil aceptarlas si tu atención siempre está enfocada en tus debilidades. A veces ser concreta ayuda; por ejemplo, escribe todas las cosas que haces bien en lugar de obsesionarte con lo que haces mal. Haz una lista de tus aciertos, de tus fortalezas. Piensa en lo que los demás te han dicho, cosas como que eres buena escuchando, lo bien que cocinas, lo bien que cantas, que eres una abogada con talento, o lo que sea. Si tienes problemas con esto, tal vez sea hora de ir a ver un terapeuta, de preferencia uno que tenga experiencia con adultos que padecen TDAH, para resolver tu problema.

Ahora que ya trabajaste con la aceptación, ¿qué sigue? Es hora de ponerle atención a... la inatención.

DETENTE Y ANALIZA

La inatención es un gran problema entre las parejas, sobre todo cuando, después de haber pasado años juntos, crees que ya lo has escuchado todo miles de veces. Él es la persona más importante en tu vida y necesitas escuchar lo que dice. Convéncete de que necesitas ponerle atención, lo cual no es fácil. Crea el hábito de parar lo que estés haciendo, DETENTE, DEJA (lo que estés haciendo) y realmente ESCUCHA. Si necesitas tiempo para procesar información, otra cualidad del TDAH que no tiene nada qué ver con la inteligencia, pídele que vaya más despacio. Como he dicho, repite en tu cabeza lo que acabas de escuchar. A veces incluso repetirlo en voz alta puede ser de ayuda.

ROMANCE REUMÁTICO

Aunque algunas mujeres se interesan en otras personas o pierden interés en el sexo durante los años más avanzados de la relación, el lado positivo es que una vez que los hijos se van puede ser momento de relajar tus inhibiciones y explorar de verdad. Ésta es una oportunidad de desarrollar una expresión más amorosa y madura que trate menos sobre el desempeño y más sobre crear un lazo genuino. Es ahora que pueden sentir la libertad de tener una mayor aceptación el uno del otro. Puedes disfrutar de tu nivel de comodidad.

Por otro lado, si eres del subtipo hiperactivo/impulsivo, tal vez te sientas tentada a tener una aventura; reflexiónalo a fondo antes de dejarte llevar por tus impulsos si lo estás considerando. ¿Cómo te afectará eso en el futuro? ¿Cómo te sentirías si fuera al revés? Imagina las repercusiones si tu pareja te descubre. Háblalo con una amiga de confianza. Esta tentación también es señal de que algo está muy mal con tu relación y necesita atención inmediata. Puede ser una señal de advertencia. Si llevas a cabo tus fantasías, no puedes retractarte. La mayoría de las veces no es el acto en sí mismo, sino el engaño y la pérdida de confianza lo que daña la relación.

En lugar de invertir tanta energía en una aventura extramarital, puedes elegir invertirla en la relación que tienes ahora. Si eres una madre con el "nido vacío", puedes disfrutar de tu matrimonio de una forma fresca y novedosa ahora que los niños ya crecieron. Puedes elegir entre usar esa energía para algo que puede ser terriblemente dañino para la persona que amas o usarla para mejorar tu relación.

Aquí hay algunas ideas para encender tu relación: ¿Qué tal iniciar un negocio juntos? ¿O hacer un viaje largo y lleno de aventuras, algo que siempre hayan querido hacer, como recorrer el Camino de Santiago en España o irse a un crucero por el pasaje interior de Alaska? ¿O tal vez unirse a un grupo de voluntariado o colaborar con Hábitat para la Humanidad? ¿Quizás mudarse a otro estado? Cualquiera de estas opciones puede variar las cosas y revivir tu relación, pero si estás en ese punto en el que quieres llevar a cabo tu impulso de salirte del camino, es muy importante que consultes con un terapeuta para que te ayude a resolverlo.

A pesar de todos los desafíos de padecer TDAH y tener una relación, puede haber mucha alegría, placer y compañía. Tu pareja es a quien puedes confiarle todos tus sentimientos ocultos de juventud. Es una de las pocas relaciones en las que realmente puedes ser tú misma y, con suerte, ser aceptada y amada por quien eres.

CAPÍTULO 8

SOY SENSIBLE ¿Y QUÉ?

Cindy y Amanda, ambas entre cuarenta y cincuenta años y amigas desde la infancia, no se habían visto en cerca de veinte años. Amanda se mudó con su esposo a kilómetros de distancia tras graduarse de la universidad. Cuando regresó de visita, Cindy y ella se vieron en un restaurante que acababa de abrir en su ciudad natal. En cuanto se sentaron, Cindy, quien padece de TDAH inatento, se empezó a sentir mal. El lugar estaba repleto, la música retumbaba en el fondo, los ventiladores en el techo zumbaban a la vista y los murmullos de la gente llenaban el lugar. Aunque estaba muy entusiasmada de ver a su vieja amiga, Cindy se empezó a sentir mareada y ansiosa. Amanda le dijo cuánto le gustaba ese restaurante, y conforme subía el tono de voz para que Cindy pudiera escucharla entre el ruido, se escuchaba más y más motivada. Cindy comenzó a aislarse, temía desmayarse y sintió que iba a entrar en pánico, algo que le sucedía muchas veces cuando se agobiaba. Aunque Amanda nunca se dio cuenta, el agobio le impidió a Cindy disfrutar la salida con su más vieja amiga; apenas escuchó una palabra de la conversación.

Como Cindy, muchas mujeres que padecen TDAH viven con extrema sensibilidad visual, auditiva, olfativa, gustativa y táctil. Este nivel de sensibilidad a los estímulos puede ser agobiante para ellas en diferentes situaciones mientras que para otras personas es cosa de todos los días. Sus cerebros con TDAH no pueden "desconectarse" del mundo exterior, por lo que lo experimentan como un doloroso bombardeo de estímulos que ataca al mismo tiempo. Ir a la plaza comercial puede sentirse como estar en un circo de pesadilla. Las grandes fiestas, los restaurantes ruidosos, con música muy alta y televisores, el pasillo de productos de limpieza en el súper o la ropa apretada y rasposa son ejemplos del tipo de situaciones que pueden incrementar los niveles de estrés en una mujer que padece TDAH, al grado de interferir con su, ya de por sí menoscabada, habilidad de concentración.

A las mujeres que padecen TDAH la estimulación o las atrae, o las ahuyenta. Es un extremo o el otro: mientras la mujer inatenta prefiere el silencio, la mujer hiperactiva busca las luces, cámara y ¡acción! Aunque haya momentos en los que la mujer inatenta también busca experiencias estimulantes porque la "hacen sentir normal" y la mujer hiperactiva busca momentos de descanso para reponer su nivel de energía, por lo regular, la mujer inatenta busca experiencias tranquilas para reflexionar internamente, mientras que la mujer hiperactiva busca expresar sus necesidades.

Las situaciones sobre estimulantes pueden incrementar la atención y la concentración de la mujer hiperactiva, mientras que el mismo ambiente puede distraer, agobiar y aislar a la mujer inatenta. Lugares como Disneyland, Las Vegas, eventos deportivos o incluso los centros comerciales pueden ser escenarios atractivos y placenteros para la mujer hiperactiva, mientras que la mujer inatenta preferirá buscar un lugar tranquilo junto al lago para leer y pasar horas sentada, perdida en su propio mundo.

¡Ruido!

Muchas mujeres inatentas parecen oír cosas que los demás no. De hecho, mi propio diagnóstico de TDAH llegó porque pensé que estaba perdiendo el oído. Cuando estaba al teléfono, no lograba escuchar a la persona del otro lado si había el menor ruido en la habitación, como la televisión en volumen bajo o algún familiar hablando. No era capaz siquiera de ignorar la suave vibración del ventilador. Una prueba auditiva confirmó que no había ningún problema en mis oídos. De hecho, mi capacidad auditiva era más aguda que la de la mayoría de las personas de mi edad. En ese entonces no me di cuenta de que simplemente no podía ignorar los sonidos externos o diferenciar la voz de una persona de entre un grupo de gente. Hasta la fecha, siempre debo taparme el oído libre cuando hablo por teléfono, incluso en una habitación vacía.

Como puedes ver en la historia de Cindy y Amanda, el ruido es una de las áreas más importantes de la sensibilidad sensorial. Aunque ambas mujeres (la hiperactiva/impulsiva y la inatenta) pueden ser muy sensibles a la estimulación, las mujeres inatentas son más propensas a tener experiencias sensoriales elevadas, mientras que las mujeres hiperactivas por lo común están demasiado distraídas para notarlo. Las mujeres que padecen TDAH, independientemente del subtipo, pueden tener dificultad para soportar lugares con demasiados estímulos, como conversaciones (por ejemplo, en fiestas, eventos o reuniones), la música fuerte, el bullicio, los ventiladores ruidosos, el ruido en la cocina, la televisión y el radio.

Aunque en la investigación del TDAH no se han documentado sobresaltos fuertes como respuesta al ruido inesperado, muchas mujeres que sufren de TDAH los padecen; la experiencia suele reportarse a los médicos. No es inusual que la mujer que padece TDAH salte de la silla cuando escucha fuegos artificiales, globos estallando, armas de fuego, un grito inesperado o una carcajada repentina. El sonido del tráfico, como los camiones, las motocicletas o un escape defectuoso pueden hacer que una mujer que padece TDAH sienta que está en medio de una zona de combate. Su alerta de "sálvese quien pueda" se activa de inmediato y con frecuencia detona su ansiedad o incluso un mini ataque de pánico.

Incluso pasar tiempo en tu propio jardín para relajarte ya no te da la oportunidad de aislarte y tranquilizarte si el vecindario está repleto de sonidos como la podadora, las tijeras que cortan los arbustos, el taladro, los autos en la avenida y los niños que gritan en la piscina.

Estar en casa tampoco te sirve: siempre intentas aislar los ruidos de los aparatos eléctricos (incluso esos que nadie más parece escuchar), como el zumbido de las luces fluorescentes, el refrigerador, el aire acondicionado, la televisión, el radio, la computadora, el bote de la basura, así como el sonido de las personas al masticar y otros ruidos que hacen con la boca. El peor agresor de todos (al menos para mí) es la aspiradora. Esta reacción al ruido te persigue hasta al trabajo, donde te bombardean los sonidos del teléfono, las fotocopiadoras, las conversaciones de tus colegas y demás. Aceptémoslo: hay ruido en todas partes.

La piel en la que vives

La piel es el órgano más grande. Puede que el contacto con ciertas texturas o incluso un abrazo suave puedan llevar al límite a alguien con tu sensibilidad.

La ropa: imposible vivir con ella, pero sin ella también

Basta con decir que ésta es una de las áreas de sensibilidad más problemáticas para las mujeres porque no puedes evitarla a menos que vivas en una colonia nudista. Las fiestas y los restaurantes concurridos y ruidosos sí puedes evitarlos; puedes cambiar los focos en casa de fluorescentes a incandescentes; puedes comprar generadores de ruido blanco y antifaces para dormir mejor; pero no puedes evitar usar ropa. Espero que los puntos que te doy en el quinto capítulo te ayuden a encontrar un término medio: ¡eso es preferible a que te arresten por nudista!

El contacto íntimo: ¿la agonía o el éxtasis?

Incluso el contacto placentero de la piel puede ser problemático para las mujeres que son hipersensibles al tacto. Los abrazos de tus seres queridos pueden ser una tortura a causa de tu sensibilidad neurológica. Los juegos de luces, que la mayoría disfruta, pueden causarte sensaciones dolorosas de cosquilleo. El coito y el juego previo también pueden ser desagradables e incluso dolorosos.

Las sábanas de satín son las mejores amigas de una chica

Cuando se trata de la ropa de cama, el síndrome de la Princesa y el Chícharo vuelve a perseguir a la mujer que padece TDAH hasta la habitación. Muchas tienen que tender la cama antes de acostarse para asegurarse de que no tenga ninguna arruga y así puedan dormir sin que sus cuerpos se deslicen sobre los pliegues y las distraigan. Aunque algunas prefieren la menor cantidad posible de sábanas (el peso puede hacerlas sentir oprimidas), otras piensan lo contrario. He oído a muchas mujeres que padecen TDAH decir que la presión y el peso de las sábanas y las cobijas pesadas tienen un efecto tranquilizador por lo que las utilizan incluso en el calor del verano. Mi propia hija, que padece TDAH, usa dos capas de pijama y siente que usar varias cobijas pesadas le ayuda a quedarse dormida.

Sustancias pegajosas, viscosas, gelatinosas y chiclosas

A lo largo de los años, he oído que cientos de mujeres que padecen TDAH se quejan de su sensibilidad a lo viscoso y pegajoso. Por alguna razón, esta sensación en particular es en especial molesta para quienes padecen TDAH. Para una mujer con sensibilidades sensoriales extremas, tocar una perilla pegajosa puede tener el mismo efecto que el sonido de uñas en un pizarrón puede tener para alguien que no padece TDAH: una aversión inmediata y sensación de asco. Una vez trabajé con una mujer que padecía TDAH que describió los pisos pegajosos como la peor pesadilla sensorial que pudiera imaginarse. Con dos niños pequeños en casa, sentía náuseas cada vez que tocaba una perilla o la manija de un armario o del refrigerador cubierta de gelatina, jugo o alguna otra sustancia pegajosa. De hecho, ella recuerda que desde que estaba en preescolar a los cuatro años, se rehusaba a tocar la pintura para dedos y observaba con desconcierto a sus compañeros sumergir sus manos entusiasmadas en la sustancia y embadurnarla en hojas grandes de papel. Otra mujer me lo explicó así: "La gente cree que tengo TOC (Trastorno obsesivo compulsivo) o que soy una maniática de la limpieza porque paso demasiado tiempo limpiando las superficies, las perillas y los pisos, pero la verdad es que la sensación de pegajosidad en las manos me pone muy mal". Ellas no están solas; hay otras mujeres que padecen TDAH que comparten esta hipersensibilidad a las sustancias viscosas y pegajosas que tanto estrés provocan; muchas de ellas incluso sienten repulsión al maquillaje y al protector solar.

En los ojos del que lo mira

Aunque no se habla tanto de ello, como de otros tipos de estímulos sensoriales que pueden volverse agobiantes para las mujeres que padecen TDAH, el estímulo visual también suele ser problemático. Mónica, una mujer que asistía a mi grupo de ayuda TDA (Trastorno por déficit de atención), era en especial sensible a la luz. Se mareaba en habitaciones con luces fluorescentes y, por lo tanto, la experiencia de ir de compras la hacía sentirse tan mal que se retiraba tan pronto como fuera posible. Solía sentirse incómoda en el cine porque la pantalla abarcaba todo su campo de visión y le ocasionaba claustrofobia y agobio (además de que el volumen alto y los cortes rápidos de una escena a otra en movimientos trepidantes no ayudaban). Mónica también evitaba restaurantes que tuvieran múltiples televisores y ventiladores en el techo, porque el movimiento de las imágenes en la pantalla y las hojas del ventilador la mareaban. Ir de compras era una pesadilla: las repisas casi casi le gritaban con sus múltiples colores y texturas en cada esquina. En los restaurantes, elegía su mesa con cuidado para evitar ventanas que pudieran reflejar la luz en sus ojos y prefería una butaca junto a la pared. El papel tapiz con estampado o a rayas, y los pisos de ajedrez la hacían perder el apetito. ¡Todo alteraba sus sentidos! Incluso leer era problemático: para ella el periódico, las revistas y los libros tenían demasiado texto, o la letra era muy pequeña, así que prefería publicaciones con letra grande y con mucho espacio en blanco o imágenes.

Esenci-bilidad

La cantidad de productos perfumados que hay en el mercado es impresionante. Gracias a las estrategias de mercadotecnia, nos lavan el cerebro para que pensemos que los olores naturales (y que con frecuencia son por completo aceptables) deben cubrirse: hay aerosoles y velas aromáticas para refrescar el aire, perfumes para atraer al sexo opuesto y hacer que las mujeres sean más atractivas, jabones y desodorantes repletos de perfume para evitar el olor corporal, detergentes y suavizantes para que la ropa limpia huela más que bien. Estos aromas artificiales pueden ser terribles para una mujer con sensibilidades extremas e incluso acostumbran causarle migrañas o broncoespasmos.

El otro extremo es la reacción a los olores cotidianos que los demás pueden tolerar con más facilidad: ciertos alimentos pueden provocar una reacción de asco. Una mujer con la que trabajé sentía náuseas cuando detectaba el aroma del tocino en el aire. Simplemente era demasiado temprano para que sus sentidos experimentaran un olor tan fuerte y molesto, aunque para la mayoría fuera suculento. Los olores corporales, aunque son desagradables para muchos, pueden hacer que una mujer que padece TDAH incluso busque su bufanda o un pañuelo para bloquear ese desagradable olor, sobre todo si está atascada en el metro, en un autobús o en una fila.

Empatía, simpatía y reacciones exageradas

Aunque no se le considera como uno de los cinco sentidos, muchas mujeres que padecen TDAH con frecuencia tienen una sensibilidad emocional elevada. Las críticas, por ejemplo, pueden sentirse como un ataque directo hacia ti y causar una ruptura inmediata en tu autoestima. Parte de esta reacción proviene de la infancia y puede deberse a que durante muchos años escuchaste críticas por llegar tarde, por ser desordenada, por no terminar tus proyectos y demás. Años después, esto aún es un detonador que atenta contra tu amor propio, y por lo tanto reaccionas de forma explosiva, huyes o te paralizas al sentirte agobiada con sentimientos demasiado intensos como para poder mantenerte firme durante una discusión. Con frecuencia internalizas las críticas, y eso puede llevarte a una depresión. La exitosa autora y experta en TDAH, Sari Solden (2005, 87, 89) escribe con elocuencia sobre la travesía emocional de vivir con TDAH en su libro *Mujeres con trastornos por déficit de atención: cómo aceptar sus diferencias y transformar su vida.* Como dice Solden: "Es fácil entender por qué una mujer reacciona de forma extrema; yo lo veo como si estas mujeres empezaran cada día con el noventa por ciento de su capacidad de resistencia ya consumido. Combina esto con el caos, la desorganización y la energía que se requiere para sobrellevar los días y sabrás por qué no es difícil llevarlas al límite". También afirma que "sentirse agobiada, sobrecargada y saturada, ser poco asertiva, engancharse en comentarios negativos hacia sí misma y presentar reacciones exageradas, con emociones cambiantes, puede dejar a una mujer encerrada en un estado de depresión".

Esta hipersensibilidad (y las lágrimas que conlleva) puede activarse por una gran variedad de detonantes externos cotidianos, desde algo tan simple como un tonto comercial, hasta una película, la música o el arte. No es inusual que una mujer que padece TDAH también experimente reacciones intensas (más que el promedio) a eventos importantes de la vida como nacimientos, fallecimientos o niños que inician el jardín de niños o terminan la universidad.

La mujer que padece TDAH por lo regular es aún más propensa a "sentir de más" durante la fase premenstrual. Estas dificultades pueden empeorar o mejorar con la menopausia. La doctora Patricia Quinn (2002, 87, 99), quien ha realizado un trabajo extensivo en el campo del TDAH y las hormonas femeninas, escribe: "Los regímenes de tratamiento [para las mujeres que padecen TDAH] suelen tener recomendaciones establecidas por la experiencia de tratar a niños en la edad de la primaria. Las fluctuaciones emocionales y las influencias del estrógeno en el cerebro ni siquiera se consideran, y mucho menos se tratan". Añade que "la clave para un mejor resultado para las mujeres que padecen TDAH es no sólo una mejor identificación del problema, sino también la noción de que, además de su TDAH, estas mujeres deben lidiar con un ambiente hormonal en constante cambio que puede tener un impacto significativo en el TDAH y en los síntomas coexistentes".

Muchas mujeres que padecen TDAH tienen un sentido de empatía muy desarrollado, por lo que tienden a ser receptivas y a estar demasiado sincronizadas con los estados emocionales de los demás. Por otro lado, algunas mujeres que sufren TDAH parecen tener una *falta* de empatía hacia los sentimientos y puntos de vista de los demás, pero las mujeres de este último grupo con frecuencia están demasiado distraídas como para notar los sentimientos de los demás. (Ver el séptimo capítulo, sobre las relaciones.)

Por último, estos sentimientos tan intensos están casi al mismo nivel del TOC puesto que las mujeres reflexionan muchísimo sobre eventos pasados, emociones y lo que para ellas son "metidas de pata", pues se trata de mujeres que de manera habitual son criticadas injustamente por "pensar en demasía" y por ser "demasiado sensibles".

Apoyos para el alma *sensorialmente* sensible

Una vez consideradas las sensibilidades que discutimos con anterioridad, veamos algunas soluciones sencillas para ayudarte a manejar el estrés de sentirte agobiada. Por ejemplo, al comer fuera, la mujer que padece TDAH debería elegir el restaurante y la mesa cuando sea posible para minimizar las distracciones. En el caso de la ropa, puede comprar ropa especial en línea, o por catálogo, que esté hecha con telas diseñadas para ser amables con la piel ultrasensible; además, ordenar en línea significa que ¡no tiene que enfrentarse con el centro comercial! Puede cambiar la iluminación en su lugar de trabajo y en su casa para reducir los reflejos, además puede reemplazar todos los productos para el hogar y el cuidado personal por productos naturales sin perfumar. Éstas son algunas de las muchas excelentes sugerencias de este capítulo para ayudarte a que te sientas bien recibida en este mundo. No hay ninguna razón para que pases el resto de tu vida sintiéndote incómoda en tu propia piel. Tan sólo unos cuantos ajustes aquí y allá pueden hacer la diferencia. ¡La vida es demasiado corta para pasártela incómoda! Ahora veamos algunas soluciones para las sensibilidades sensoriales.

¡Oye, Mundo! ¿Puedes bajarle un poco al volumen, por favor?

Es imposible evitar el ruido (está en todas partes) pero hay formas de minimizar sus efectos. Por ejemplo, cuando vayas de compras, ve a tiendas más pequeñas y boutiques cuando sea posible, o aún mejor, compra tus productos por catálogo o en tiendas en línea. Si es muy necesario ir al centro comercial, lleva unos tapones para los oídos o unos audífonos para escuchar música suave y tranquila. En los restaurantes, busca la mesa o la butaca más silenciosa que haya, incluso puedes pedírselo al capitán o al mesero, pues ellos saben cuáles son los puntos más silenciosos. Tradicionalmente, muchas mujeres siguen las normas de la sociedad y les cuesta trabajo expresar sus necesidades: las reprimen para poner las de los demás primero. Con la práctica, puedes aprender a decir lo que piensas y a sentirte más segura de ti misma, sin dejar de tomar en cuenta las necesidades de los demás al mismo tiempo. Éste es el primer paso para aprender a defenderte a ti misma y tus necesidades. Si el capitán de un restaurante te dirige hacia una mesa en medio de una fiesta de cumpleaños de niños, hazlo notar de inmediato y de forma educada pide una ubicación más silenciosa.

Las salidas sociales y las reuniones pueden ser desastrosas a causa de tu incapacidad de escuchar más allá de los ruidos distractores. Una forma de evitar esto es manifestarles a tus acompañantes que tienes muchas ganas de escuchar lo que tienen que decir y que preferirías estar en un lugar donde puedas darles toda tu atención.

Otros consejos para sobrellevar el agobio auditivo

No hay ningún motivo para ser prisionera de tu hipersensibilidad al sonido. Pon manos a la obra e intenta estos consejos:

- Si no puedes evitar una situación, al menos aléjate de los estímulos por periodos.
- Si sabes que estar en cierto lugar te hará sentir infeliz, sugiere otro lugar para la reunión, las vacaciones o lo que sea.
- Evita las situaciones ruidosas y escandalosas siempre que sea posible; se trata de cuidado personal. Si sabes que algo te hará infeliz, está bien decir que no, aunque "todos vayan a ir". En una fiesta grande, busca a una o dos personas y un lugar tranquilo en una esquina, en otra habitación o afuera.
- El ruido blanco, los ventiladores y los sonidos de la naturaleza (puedes usar una laptop para buscar canales continuos o descargar en tu iPod archivos de sonidos agradables) son de utilidad en hoteles ruidosos, ambientes de oficina y situaciones similares.
- Lleva tu iPhone o tu iPod cargado con música calmada o películas como una manera de aliviar alguna situación de emergencia, o lleva tapones para los oídos.

Los sonidos desagradables están en todas partes, todos los días. Al reconocer cuáles son los que más te afectan y tomar cartas en el asunto, mediante las técnicas y los consejos mencionados, puedes aprender a coexistir en un mundo ruidoso y caótico.

Cómo aprovechar tu sensibilidad sensual para que todos ganen

¡Resistan, chicas! Hay muchas formas de transformar la intimidad sexual de ser algo incómodo a algo placentero. La comunicación honesta y abierta con tu pareja es esencial; hazle saber tus sentires en general para que entienda que hay todo un trasfondo y que no es sólo una cuestión de sexo; así evitarás que se tome tus reacciones de forma personal. Explícale lo que te gusta y lo que no. Si un abrazo muy fuerte te hace sentir restringida, sugiérele otras opciones. Si el tacto muy suave te hace cosquillas, pídele un masaje profundo. Mientras que algunas mujeres inatentas se sienten agobiadas con la intensidad de la estimulación sexual y la sensación de piel con piel, otras (por lo regular, las mujeres hiperactivas) sienten que la actividad sexual es tranquilizante, ansían el peso y la cercanía pues, al igual que una sábana o edredón pesados, tienden a calmar su hiperactividad. Cualquiera que sea tu subtipo o preferencia, el juego sexual previo y el coito tienen que ser una experiencia placentera, tanto para ti como para tu pareja. ¡Guía a tu pareja! Nadie te puede leer la mente.

Ponte tus lentes rosas

También hay muchas formas de trabajar con tus sensibilidades visuales. Los lentes de sol deben ser tus mejores amigos. Así como los tapones para oídos aíslan los sonidos desagradables, los lentes de sol te ayudarán a suavizar la luz brillante y evitarán que te sientas visualmente agobiada. Como dije antes, las pantallas enormes de los cines pueden ser demasiado poderosas para tus ojos y tus otros sentidos. Espera a que la película sea transmitida por cable y disfrútala en la comodidad de tu hogar en una pantalla más pequeña. Si tienes que ir al cine, siéntate tan lejos como puedas para no perderte en el abismo visual de la pantalla. Evita las películas en 3D lo más posible y ubícate cerca del pasillo por si necesitas un descanso que requiera salir rápido. Sobre todo, asegúrate de que tu acompañante entienda tu sensibilidad con anticipación.

Otros consejos para sobrellevar el agobio visual

Así como hay formas de bloquear los sonidos agobiantes, también hay estrategias que puedes usar para "atenuar las luces". Aquí tienes algunos consejos para ayudarte a dominar las agobiantes estimulaciones visuales:

- Reemplaza en casa todos los focos de luz fluorescente común por focos de luz fluorescente de amplio espectro.
- Utiliza la luz natural tanto como sea posible, pero cierra las cortinas si la luz del sol es demasiado intensa o usa lentes de sol mientras estés adentro.
- Apaga las luces del techo, y usa lámparas de piso y de mesa para un ambiente más suave.
- Cuando salgas a comer, elige un asiento o una mesa junto a la pared para evitar que los reflejos de las ventanas o del sol te molesten. Trata de no sentarte en lugares donde puedas ver los ventiladores y televisores, así como el entrar y salir de clientes o la caja registradora.
- Para leer, usa un papel para cubrir las partes de la página que no estás leyendo. Una regla te puede servir para evitar que tu visión divague por la página que lees. Elige libros con mucho espacio en blanco y, si es posible, que estén impresos en letra grande.
- Usa libros electrónicos para aprovechar las opciones del tamaño de la fuente, el color de la página y los formatos de lectura.
- Cuando vayas de compras, ve a tiendas pequeñas, de preferencia tiendas independientes en lugar del centro comercial (donde es más probable que encuentres luz fluorescente en vez de luz natural).

No tienes por qué ser víctima de tu entorno sobre estimulante; encontrar la paz y tranquilidad en medio de tus días agitados está en tus manos.

El dulce aroma del éxito

Por suerte, muchas compañías producen cada vez más productos "verdes", así que encontrar cosas que no agobien tu sentido del olfato es más fácil que nunca. Ahora puedes encontrar desodorantes, maquillaje, detergente y productos de limpieza naturales y sin aromatizantes. Sin embargo, algunas cosas aún están fuera de tu control, así que, una vez más, es de mucha ayuda ser proactiva para poder protegerte a ti misma y defender tus necesidades. Aprende a hablar en primera persona. Por ejemplo, si sabes que almorzarás con una amiga que usa mucho perfume, puedes comentarle de antemano que aunque el aroma es encantador, tienes una reacción severa a las esencias fuertes. Muchas personas, de hecho, padecen alergias y son sensibles a los químicos, así que la gente suele entender esas diferencias. Si de pronto estás sentada al lado de alguien en público, abrumada y agobiada por el perfume, retírate si es posible; de ser necesario, explícale brevemente que tienes alergia a los perfumes. Si moverte no es una opción, toma tu paraguas, golpéala en la cabeza y corre a pedirle al chofer del autobús que arranque de inmediato. ¡Es broma!

¡Sí, lloro en el cine, y qué!

Aunque "sentir demasiado" puede ser angustiante algunas veces, hay formas de sobrellevarlo sin tener que negar tu alma sensible. El primer paso es entender tu TDAH y aceptarlo. Tus reacciones, aunque intensas y a veces vergonzosas, son, por otro lado, una cualidad maravillosa porque demuestran tu sensibilidad y empatía por los demás. Celebra la riqueza y compasión que te brindan en lugar de estremecerte de vergüenza. Acepta tu buen corazón, tu creatividad y tus talentos. La mayoría de las mujeres creativas experimentan las cosas con intensidad y usan el arte, la música, la literatura y el baile, o cualquier otra forma de expresión creativa para compartir esas experiencias interiores tan profundas.

OTROS CONSEJOS PARA SOBRELLEVAR EL AGOBIO EMOCIONAL

Ser una persona sensible no tiene nada de malo. Sin embargo, aquí tienes algunos consejos para ayudarte en momentos difíciles:

- Busca a una persona que te haga sentir segura durante los momentos intensos. Habla con él o ella en lugar de contenerte.
- Rechaza la ayuda tóxica de personas que te describen como "demasiado" sensible.
- Haz uso de afirmaciones para recordarte a ti misma que no debes tomarte nada personal. No asumas nada. Cuando sea posible sé objetiva para evitar colapsos emocionales.
- Tomate un descanso. Cuando los desacuerdos verbales se transformen en peleas poco saludables y te sientas incapaz de mantenerte firme, retírate hasta que te calmes para que puedas tener una discusión más productiva.
- Busca formas tranquilas o creativas de expresar tus sentimientos. Escribir es una gran herramienta para liberar las emociones además de que te ayuda a prepararte para una conversación difícil o para organizar tus pensamientos.
- Considera la psicoterapia con alguien que tenga experiencia en trabajar con personas que padecen TDAH para que te ayude a ordenar tus pensamientos y reacciones.

Éstos son sólo algunos cuantos consejos para ayudarte durante esos momentos en los que estás emocionalmente agobiada. Toma en cuenta otras alternativas que te hayan ayudado en el pasado, como la meditación, el ejercicio o salir a caminar, por ejemplo. Tal vez también te sirvan estos dos libros que tratan las hipersensibilidades en general: *Too Loud, Too Bright, Too Fast, Too Tight: What to Do If You Are Sensory Defensive in an Overstimulating World* (*Demasiado fuerte, demasiado brillante, demasiado rápido, demasiado apretado: qué hacer si eres sensorialmente defensivo en un mundo sobre estimulante*), de Sharon Heller, y *The Hightly Sensitive Person* (*La persona altamente sensible*), de Elaine Aron.

Soluciones generales para las hipersensibilidades

Por ser demasiado sensible, has vivido toda tu vida sintiéndote diferente del resto del mundo, lo cual es una reacción común cuando se vive con TDAH. Parece ser que las mujeres inatentas son las que tienen más dificultades; las mujeres hiperactivas, por otro lado, pueden entrar en acción para luego darse cuenta de que se sienten demasiado agotadas antes de terminar, porque tienden a experimentar la vida con una intensidad impresionante. Mientras que los demás disfrutan de la montaña rusa, de una película de terror, y planean las siguientes vacaciones y fiestas, es probable que tú sólo mires desde una esquina, sintiéndote ignorada o incluso avergonzada.

Es importante reiterar que las hipersensibilidades descritas anteriormente son diferentes para la mujer hiperactiva. Ella externaliza sus dificultades por medio del enojo, o incluso la rabia, mientras que la mujer inatenta se rinde ante la depresión. La impulsividad de la mujer hiperactiva puede llevarla a decir o hacer cosas de las que después se puede arrepentir, porque reacciona muy rápido cuando se siente bombardeada con estimulación. Ya seas hiperactiva o inatenta, es importante que entiendas cuáles son tus detonadores, que los anticipes y que tengas un plan para esquivar los ataques sensoriales al ser proactiva y rechazarlos de inmediato con las técnicas y herramientas que acabas de descubrir.

Recuerda: ser una persona emocional y sensible no tiene nada de malo ni es ninguna debilidad; sólo significa que sientes las cosas con más intensidad que los demás. Tener un sentido intuitivo del mundo y de la gente que te rodea te hace una persona compasiva. Ser más sensible que la mayoría es como la diferencia entre una orquídea y un cactus. Sí, tú necesitas más cuidados y mantenimiento, pero vale la pena porque le brindas al mundo una sensibilidad exquisita.

CAPÍTULO 9

ALTIBAJOS Y BOCHORNOS HORMONALES

Hola, amiga: ¿Cómo has estado? Espero que Max esté mejor. No creerás el día que he tenido. Casi pierdo mi trabajo porque olvidé entregar mis reportes (otra vez) y no terminé el proyecto que estaba previsto para la semana pasada. Tengo la mente como nublada y me siento cansada todo el tiempo. Me sorprende no haber olvidado mi propio nombre. Para empeorar las cosas, no puedo deshacerme de estos kilos de más, lo cual me hace sentir realmente mal y mis medicamentos para el TDAH bien podrían ser dulces. Creí que la vida sería pan comido una vez que mis hijos se fueran a la universidad y pudiera concentrarme en mí para variar, pero más bien siento que toda mi vida se derrumba. Perdón por las noticias deprimentes, pero ya no puedo más. Espero que estés bien.

Con amor, Rachel.

Como muchas mujeres en la edad adulta, Rachel está en la premenopausia (es decir, que está en la etapa previa a la menopausia) pero aún no ha hecho la relación entre el empeoramiento de los síntomas de su TDA y su desequilibrio hormonal. Por desgracia, la mayoría de las mujeres no ve la conexión que hay entre sus cambios hormonales y el impacto en su función cognitiva. Si tomamos los síntomas hormonales "normales" por los que pasan todas las mujeres en la pubertad, en los años fértiles, en la premenopausia, en la menopausia y en la posmenopausia, le sumamos todos los síntomas del TDAH, y los mezclamos, lo que tendremos será un coctel letal. Desafortunadamente, hay muy poca investigación o literatura sobre el tema, pero sabemos que, aunque los indicadores tempranos puedan parecer aparentes en retrospectiva, la pubertad con frecuencia es el momento en el que una chica muestra sus primeros síntomas de TDAH.

La pubertad no siempre es bonita

Las chicas que padecen TDAH por lo regular muestran síntomas más tarde que los varones. En términos relativos, tienden a ser calladas y tranquilas, mientras que los chicos con TDAH son más propensos a exhibir sus comportamientos, como la hiperactividad y la rebeldía impulsiva. Si eres mamá con hijas, ellas están en riesgo, según las estadísticas, de padecer TDAH también, así que es importante entender lo crítica que puede ser esta etapa en la que se revelan los primeros síntomas. La intervención y tratamiento tempranos son esenciales antes de que ella se enfrente a mayores dificultades en la escuela, en casa y en contextos sociales.

Durante la pubertad, una chica con TDAH puede exhibir varios síntomas. Podría volverse más platicadora y distraída en la escuela, o dejar de poner atención en clase porque se distrae y encuentra su mundo interior mucho más interesante que lo que dice el profesor. Cuando las hormonas cambian, y si una chica es propensa al síndrome premenstrual (SPM), se puede volver más inestable emocionalmente, mucho más que las púberas que no padecen TDAH, con cambios de humor bastante desconcertantes. Tal vez sea más sensible y reactiva en estas instancias, y explote a la menor señal de exigencia o crítica. Conforme más introspectiva se vuelve, más se revelan las señales de ansiedad o depresión. En general, los síntomas de TDAH empeoran.

Sin embargo, es interesante tomar en cuenta que algunos síntomas pueden, incluso, mejorar. Para algunas chicas hiperactivas e impulsivas, la hiperactividad fuera de control de etapas anteriores en la infancia disminuye en la pubertad. En lugar de correr y saltar por los muebles, tu hija podría presentar signos de inquietud, como balancear los pies, sacudir la pierna o hablar sin parar. También es posible que se inscriba en equipos de deporte, de baile, de gimnasia, o cualquier otra actividad física como una forma más aceptable de liberar la energía contenida.

De cualquier modo, las adolescentes más jóvenes suelen exhibir mayores dificultades que necesitan ser identificadas y tratadas. En un artículo de la revista *ADDitude* (Mcarthy 2009), Stephen Hinshaw, presidente del departamento de psicología de la Universidad de California en Berkley, quien ha investigado por más de diez años sobre chicas que padecen TDAH, dice: "Hemos descubierto que las chicas que padecen TDAH tienen más problemas académicos, más comportamientos agresivos, señales tempranas de problemas de abuso de sustancias y un índice más alto de depresión en sus primeros años de adolescencia que las chicas que no padecen esta condición". Tomando en cuenta este estudio, si eres madre, es importante que observes de cerca a tu hija adolescente para notar si empieza a mostrar signos de TDAH. Si no eres madre, reflexiona sobre tu propia pubertad para recordar signos tempranos de TDAH. Además de los desafíos de la pubertad, el SPM, que por lo general empieza en esta etapa, puede seguir a las jóvenes adolescentes hasta la adultez, lo cual causa estragos en mujeres de todas las edades durante sus años reproductivos.

SPM: Sentimientos de Pura Miseria

A la mayoría de las mujeres las atrapa el "torbellino desquiciado", un caos de altibajos hormonales, a lo largo de sus vidas, el cual se torna aún más dramático cuando el SPM está de por medio; aunado al TDAH, las mujeres (y quienes las rodean) con frecuencia sienten que la vida es por completo desagradable. En el artículo de Laura McCarthy (2009) que mencioné antes, la autora cita a la Dra. Patricia Quinn, pediatra del desarrollo, investigadora y experta en TDAH, para explicar que las mujeres que padecen TDAH experimentan síntomas más agudos de SPM que aquellas mujeres que no padecen el trastorno. Además de la fatiga, los antojos, la inflamación, los cólicos y la irregularidad emocional, las habilidades cognitivas de las mujeres que padecen TDAH también se ven afectadas, lo que resulta en síntomas como confusión, irritabilidad, mala memoria, mente nublada e impaciencia. También son comunes los problemas de sueño.

Si eres propensa a la ansiedad o depresión, éstas pueden empeorar durante tu ciclo menstrual, y el SPM podría causarte tremendas dificultades, pero ¿qué sucede durante el embarazo y el parto? ¿Las cosas mejoran o empeoran?

Estrías en el cerebro: el embarazo y el parto

Las hormonas juegan un papel muy importante en cómo te sientes durante el embarazo. Si además sumamos el TDAH, las cosas se complican más. Para muchas mujeres que interrumpen la ingesta de medicamento por instrucciones del médico es difícil lidiar con el empeoramiento de sus síntomas durante el embarazo. (Ver: "Tomar medicamentos durante el embarazo", abajo.) Por otro lado, algunas mujeres reportan que sus síntomas de TDAH mejoran drásticamente y se sienten aliviadas de poder sobrellevarlos sin medicamento. Esto puede ser porque los niveles de estrógeno aumentan conforme avanza el embarazo, pero después del parto, cuando las hormonas bajan de nuevo, los síntomas suelen intensificarse. La depresión posparto puede volverse un problema importante, sobre todo si has luchado contra la depresión desde antes de tu embarazo; ésta es más común en mujeres que padecen TDAH. Además, cuidar a un recién nacido (y posiblemente a otros niños, por lo regular pequeños, con altas exigencias) significa que dormirás menos y te estresarás más, por lo tanto empeorará la atención, la concentración y el estado de ánimo.

Tomar medicamentos durante el embarazo

Tal vez te preguntes si está bien tomar medicamentos estimulantes durante el embarazo. Debido a que no hay estudios en humanos (darle medicamentos a las mujeres embarazadas para estudiar su eficacia y seguridad es un dilema ético), esto es algo que tendrás que hablar con tu médico. La mayoría de los estimulantes están clasificados como teratógenos "categoría C", es decir, que sólo deben utilizarse cuando el riesgo de no tomarlos es mucho mayor para la madre que el que representaría para el feto usarlos. Todas las mujeres se preocupan por la salud de su futuro bebé, y aunque no hay estudios que muestren los efectos de los estimulantes prescritos durante el embarazo, tu doctor querrá garantizar una gestación y un bebé saludables, así que cualquier medicamento que tomes durante el embarazo puede ser motivo de preocupación. Discute con tu doctor sobre las distintas opciones para que puedas elegir las más seguras. En el artículo "Can a Woman with ADHD Take Stimulant Medication While Pregnant?" ("¿Puede una mujer que padece TDAH tomar medicamento estimulante durante el embarazo?"), en la sección de preguntas frecuentes, el Centro Nacional de Recursos para el TDAH (en Estados Unidos) dice:

A la fecha, los efectos de estimulantes durante el embarazo sólo han sido estudiados en animales, y en estos casos se observaron defectos en las crías cuando las madres tomaron dosis muy altas: las dosis para estos estudios fueron 41 y 12 [veces] la dosis normal para humanos. Las investigaciones incluyen reportes de casos de mujeres que tomaron estimulantes durante su embarazo y, en términos clínicos, existen casos de muchas mujeres que tomaron estimulantes y tuvieron bebés sanos.

Esto puede ser un dilema para ti si has dependido de estimulantes para sobrellevar tus días. A final de cuentas, sólo tú y tu doctor pueden decidir si continuarás con la ingesta de estimulantes o no. Tal vez te ayude tomar en cuenta que el embarazo es un estado temporal y que pronto podrás continuar con tu régimen de medicamentos.

Ahora que se ha terminado el embarazo, seguramente crees que lo peor ya pasó, pero ¡sorpresa! También hay otros cambios de vida, así como hormonales, que pueden afectar tus síntomas.

Premenopausia, ¡aléjate!

Ahora que eres un poco mayor, tal vez estés acostumbrada a una rutina estable en el trabajo y en tu vida doméstica, pero no olvides que tu cuerpo está en constante cambio, incluso ahora. Aquí viene la premenopausia, que genera nuevos problemas con los que lidiar. Éste acostumbra ser el momento en que los médicos valoran a las mujeres con TDAH por primera vez; es cuando ellas buscan ayuda porque sus síntomas están fuera de control. Tal vez tú, en la madurez, también has notado que tus síntomas han empeorado. Es confuso porque la vida parece haberse estabilizado, pero tus hormonas ¡no se enteraron! También es el momento en el que las mujeres comienzan a preguntarse si tienen inicios de demencia prematura, pues la memoria a corto plazo y la recuperación de palabras empeoran junto con los síntomas del TDAH. Una de las diferencias clave entre los problemas de memoria relacionados con las hormonas y con la demencia es que con la demencia olvidas cómo hacer cosas que has hecho muchas veces, como manejar hasta el mercado o seguir tu receta favorita. Mientras que con los problemas hormonales relacionados con la memoria, tu estado de ánimo es pasajero y acostumbras regresar al punto de partida, a diferencia de la demencia en la que puede haber cambios permanentes en tu estado de ánimo y personalidad. En un estudio en el que participaron 117 mujeres maduras publicado en el *Diario de la sociedad norteamericana con menopausia (The Journal of the North American Menopause Society)*, los investigadores Weber, Rubin y Maki (2013, 511) concluyeron que "la disminución de la atención/memoria activa, el aprendizaje verbal, la memoria verbal y la velocidad motora fina pueden ser más evidentes en el primer año después del último periodo menstrual". No hay duda de que las mujeres en sus cuarenta y cincuenta tienden a sufrir problemas agravados de pérdida de memoria.

Es verdad que muchas mujeres experimentan dichos cambios, pero esto podría ser más recurrente en mujeres que padecen TDAH y que luchan con síntomas relacionados con la memoria. En un estudio publicado en el número de julio de 2012 del *Diario de la sociedad norteamericana con menopausia*, los investigadores Weber, Mapstone, Staskiewicz y Maki de la Universidad de Rochester confirman que la pérdida de memoria relacionada con las hormonas no está asociada a una demencia posterior. De hecho, no encontraron ninguna conexión entre mujeres en la edad madura que hayan reportado problemas de memoria y mujeres que más adelante desarrollaron una severa pérdida de memoria.

Si notas que tu memoria empeora y crees que tienes demencia prematura, este estudio le pondrá fin a tus preocupaciones. De acuerdo con el artículo de la Clínica Mayo (Mayo Clinic) (sin fecha) *"Early-Onset Alzheimer's: When Symptoms Begin Before Age*

65" ("*Alzheimer prematuro: cuando los síntomas empiezan antes de los 65 años*"), "de todas las personas que padecen Alzheimer, sólo cerca del 5 por ciento muestra los síntomas antes de los 65". Si tu memoria cambia considerablemente sin avisar y estás preocupada, es necesario hablarlo con tu médico; a fin de cuentas, los cambios en la memoria son normales durante la menopausia. Esto, aunado al TDAH, puede ser terrible porque ya hay un antecedente de dificultades que empeoran a la par de los cambios hormonales.

Junto con estos cambios cognitivos con frecuencia se presentan inestabilidad anímica, tristeza, irritabilidad, preocupación crónica y desajustes en el sueño. Tus periodos pueden volverse erráticos debido a más cambios hormonales. El flujo excesivo, llamado *menorragia*, puede dejarte anémica, empeorar tu fatiga y dificultar tu pensamiento, al punto de sentir que ya no puedes más. Todo esto podría significar que tus medicamentos para el TDAH ya no funcionan bien.

La premenopausia, el estado previo a la menopausia, es cuando tus niveles de estrógeno disminuyen. De acuerdo con el libro de la Dra. Patricia Quinn, *100 Questions & Answers About Attention-Deficit/ Hyperactivity Disorder (ADHD) in Women and Girls* (*100 preguntas y respuestas sobre el Trastorno por Déficit de Atención e Hiperactividad (TDAH) en mujeres y niñas*), "ésta es una etapa que por lo común se asocia con los cambios de humor y los inicios de depresión en algunas mujeres que no tienen un historial previo con el trastorno" (2011, 136), y cuando llega la menopausia tus hormonas cambian una vez más. ¿Cómo influye esto en tu TDAH?

Está que suda, que llora y que mata: ¡no te metas con ella!

Cuando entras en la siguiente etapa de tu vida, la menopausia, descubres que esto también suele interferir con tus síntomas de TDAH; tu estrógeno disminuye y hay nuevos agentes estresantes en tu vida. Tal vez ahora tienes que cuidar de tus padres ancianos o tienes problemas médicos relacionados con la edad. Además de los bochornos comunes, la depresión y los desajustes del sueño, las mujeres con frecuencia tienen problemas de claridad mental, recuperación de palabras y pérdida de la memoria, lo que afecta aún más a alguien que ya padece TDAH. La memoria verbal a corto plazo por lo común empeora cuando te descubres tratando de recordar la palabra adecuada o inmediatamente olvidas el nombre de una persona que acabas de conocer. Éstos, claro, también son síntomas de TDAH, pero empeoran cuando tu nivel de estrógeno se agota y te hace cuestionar tu capacidad de atención general. En su artículo "The Hormonal Influences on Women with AD/HD" ("Las influencias hormonales en las mujeres que padecen TDAH") (2002, 97) la Dra. Patricia Quinn señala que los doctores con frecuencia incrementan los estimulantes durante la menopausia para tratar estos síntomas, pero sin gran beneficio. Como las mujeres se quejan de que sus síntomas empeoran, lo que en realidad necesita tratarse es el cambio hormonal:

> Varios estudios afirman que las mujeres que recibieron terapia hormonal se desempeñaron significativamente mejor en las pruebas cognitivas... Las mujeres con síntomas de menopausia que recibieron terapia de remplazo hormonal mejoraron su memoria verbal, su estado de alerta, su razonamiento y su velocidad motora. La terapia también mostró una mejora en su memoria a largo y a corto plazo y en su capacidad para aprender nuevas asociaciones.

Por lo tanto, aunque tu vida parezca menos complicada que hace algunos años, de hecho, tu biología provoca que la vida sea aún más desafiante. Cuando pasas de la menopausia a la posmenopausia, estos problemas continúan y tus niveles de estrógeno se agotan, ¡pero no pierdas la esperanza! Hay formas de sobrellevarlo.

¡Eres más que tus hormonas!

Pronto hablaremos de las soluciones específicas para lidiar con las hormonas del estrés en cada etapa de la vida de una mujer, pero antes veamos algunas sugerencias generales para hacerles frente a las hormonas del estrés, independientemente de la etapa en la que te encuentres:

- Busca a un ginecólogo que esté familiarizado con el TDAH y que pueda recetarte tratamientos hormonales.
- Trabaja en equipo con quien te receta el medicamento para el TDAH para ajustar las dosis o hacer cambios si es necesario.
- Reduce el consumo de cafeína y azúcar.
- ¡Comienza una rutina de ejercicio!

No hay ninguna razón para sufrir innecesariamente. Tendrás que ser proactiva para recibir ayuda y hacer cambios en tu estilo de vida para sentirte lo mejor posible.

Existen soluciones a considerar que te ayudarán a ti o a quienes amas para entrar en cada nueva etapa del cambio hormonal. Comencemos con cómo ayudar a tu hija adolescente cuando está por entrar en la pubertad.

Apoyo para adolescentes y preadolescentes

Anteriormente, en este capítulo aprendiste cómo el cambio hormonal de tu hija con seguridad contribuye a que sus síntomas de TDAH empeoren. Ahora veamos algunas formas de ayudarla durante estos altibajos tan difíciles que experimenta cada mes. Primero, enséñale a llevar un registro de sus periodos para que esté preparada para sus cambios de humor y sus habilidades cognitivas. (Visita <http://ADDconsults.com> para conocer algunas buenas aplicaciones que podría descargar en su celular.) Busca en iTunes o en algún otro servicio en línea términos como "calendario menstrual". Una vez que tenga un mejor control de sus ciclos (aunque pueden pasar años antes de que sus ciclos se regularicen), podrá empezar a planear con anticipación. Por ejemplo, si sabe que se acerca un proyecto importante o un examen en la escuela, que estudie y trabaje en momentos en los que se sienta bien y su mente esté lo mejor posible. Los proyectos pueden abordarse desde antes de la fecha límite para evitar un desequilibrio hormonal. Esto no es fácil debido a que la mayoría de los estudiantes que padecen TDAH con frecuencia procrastinan y terminan su trabajo cuando ya tienen la fecha de entrega encima, pero con un buen plan y el apoyo adecuado es posible adquirir mejores hábitos de estudio. Es entonces cuando ella necesitará tu apoyo, el de su papá, o el de un tutor o asesor que le pueda ayudar. Un profesor comprensivo también puede modificar las fechas de entrega para darle un poco de flexibilidad. Por ejemplo, si alguien cumple los requisitos para un Programa Individualizado de Educación (IEP) o un plan 504 (servicios especiales de educación y alojamiento en Estados Unidos), se recomienda recurrir directamente a esas alternativas. Por más que quieras ayudar a tu hija, también tendrás que ser paciente con ella antes y durante su periodo, sin embargo instrúyela en cómo sus fluctuaciones hormonales alteran los síntomas de TDAH.

Sé flexible con tus expectativas y exigencias, y comprende las explosiones de tu hija sin tomártelas a pecho. Esto no quiere decir que las explosiones sean aceptables si son hirientes o perjudiciales: muéstrale que hay formas más efectivas para lidiar con el estrés, y ofrécele apoyo. Bríndale equilibrio, soporte y conciencia, por ejemplo muéstrale cómo administrar el tiempo libre para la tarea y cómo llevar un calendario para reducir el estrés; infórmala sobre el impacto que el TDAH puede tener en las diferentes áreas de su vida. También puedes enseñarle y darle ejemplos de soluciones básicas, como un descanso adecuado, buena nutrición, ejercicio y evitar demasiados alimentos dulces. Todos estos consejos son útiles para la adolescencia en general, pero aquí tienes algunos consejos para lidiar con la carga extra del TDAH combinado con el SPM.

SPM: Síntomas Potencialmente Mejorables

La sincronización lo es todo si eres una mujer que padece TDAH y SPM. Familiarízate con el ritmo de tu cuerpo y ve a tu paso. No es el momento de tomar ninguna decisión de vida. Esto puede ser un desafío si eres impulsiva, pero es importante postergar esas decisiones para cuando te sientas más equilibrada. Intenta evitar discusiones emocionalmente cargadas hasta que haya pasado el SPM. Es mejor esperar y programar para más adelante esa plática que tendrás con tu jefe sobre un aumento. Como mencioné antes en cuanto a los adolescentes, marca en tu calendario o agenda cuándo es tu próximo periodo y lleva el registro para que, si es posible, no programes reuniones estresantes, proyectos de trabajo u otras obligaciones importantes durante ese tiempo. Mantén tu calendario laboral tan ligero como sea posible y aparta un tiempo extra para descansar. Además de la sincronización, la comunicación puede ser de gran ayuda para mantener tus relaciones durante este tiempo en el que "no eres tú misma".

¡DILES CÓMO TE SIENTES!

Hazle saber a tu familia y amigos cercanos cómo el SPM afecta tu comportamiento y cómo se relaciona con tu TDAH, y cuándo enfrentarás nuevamente el SPM. Si haces o dices cosas que los afecten durante esos días, no dudes en explicarte: sigues siendo responsable de tus actos, pero siempre ayuda explicar el porqué de tu comportamiento "extraño". Incluso los niños deben ser informados de que mamá está teniendo un mal día, para que así sepan que no es su culpa. Tu pareja tiene que saberlo también para que puedan hacer un plan para trabajar en equipo durante estos días incómodos y estresantes.

Tu doctor es tu aliado

Ahora más que nunca necesitas una relación funcional con tus médicos. Sería ideal que tu ginecólogo estuviera en contacto con tu médico general, tu psiquiatra o quien sea que te recete el medicamento para el TDAH para que éste se pueda ajustar de ser necesario. Las dosis o el tipo de medicamento para el TDAH podría tener que modificarse; por ejemplo, tal vez necesites aumentar (o reducir) algún antidepresivo si eso es un problema durante la fase premenstrual. Luego de consultar con tu médico, tu ginecólogo puede sugerir una terapia de reemplazo hormonal. En cualquier caso, es mejor tener un equipo que te ayude con los medicamentos cuando tus hormonas empeoren los síntomas del TDAH. Para la mayoría de las mujeres, lidiar con los cambios hormonales usuales o el SPM es ya de por sí un desafío, pero algunas mujeres optan por dar el siguiente paso y concebir un pequeño paquete de felicidad, el cual traerá consigo nuevas exigencias y cambios hormonales.

El embarazo y el parto

¡Genial! ¡Descubriste que estás embarazada! Mientras sueñas con ropita y nombres de bebé, tu cuerpo cambia de muchas formas; también los efectos del TDAH. Con suerte, tendrás un poco de alivio en los síntomas durante la última fase de tu embarazo, pero si ése no es el caso, aquí hay algunas sugerencias para ayudarte a sobrellevar tu TDAH.

Primero, pregúntale a tu doctor si necesitas descansar un tiempo de los medicamentos. Lo más probable es que te diga que sí. Si tus síntomas son tan limitantes que necesitas un apoyo extra, hay algunos medicamentos que son más seguros que los estimulantes. Algunas mujeres usan aceite de pescado omega-3, pero aún se debate su eficacia para reducir los síntomas del TDAH. Ciertos antidepresivos pueden ser una opción, pero es importante que lo hables con tu doctor.

Si los medicamentos están por entero descartados, haz ejercicio regularmente, ¡pero primero que lo apruebe tu doctor! Nadar es excelente porque te brinda ejercicio de cardio mientras disfrutas del dichoso efecto de la ingravidez en el agua. Las clases de yoga prenatal te pueden ayudar a estar tranquila, mientras te ofrecen estiramientos y ejercicios físicos ligeros.

Otras opciones que vale la pena explorar son la neuroretroalimentación, la meditación y los programas de entrenamiento cerebral. Éstos últimos son juegos de computadora desarrollados para mejorar la memoria activa (la que se encarga de retener, manejar y manipular información). Aunque aún se debaten los resultados a largo plazo de la mayoría de los programas disponibles hoy en día, vale la pena probarlos, pues algunos médicos reportaron que algunos clientes sí se han beneficiado de dichos programas.

La terapia cognitiva conductual (TCC) también es una excelente opción, al igual que trabajar con un asesor de TDAH. La TCC es un tratamiento psicoterapéutico que ayuda a cambiar tu concepción de las cosas y la forma cómo reaccionas a éstas. Entre otros aspectos, ofrece herramientas prácticas para lidiar con la desorganización, la distracción y las respuestas emocionales a situaciones cotidianas, como la vida familiar, el trabajo y las relaciones. Un asesor te ayudará a establecer estrategias, a hacerte responsable y a enfocarte en tus objetivos para que puedas completar tus tareas y proyectos; aun si sientes que no lo necesitas, pide apoyo externo, sobre todo si tienes niños en casa. Esto es incluso más importante una vez que nace tu bebé y necesitas una mano extra.

Ayuda para mamás que trabajan

Si eres una mamá que trabaja y te sientes agobiada e incapaz de manejar tus responsabilidades de manera eficiente, considera trabajar con un asesor de TDAH; esto puede ser un gran apoyo para mantenerte organizada y cumplir plazos. Si el asesor no es viable, tal vez quieras considerar tomarte una licencia en el trabajo o reducir tus horas laborales.

Si tienes otros hijos, buscar ayuda te brinda la oportunidad no sólo de darte un merecido descanso, además de pasar tiempo con cada uno de tus hijos antes y después de que llegue el nuevo bebé. No es el momento de hacerte la súper mujer: delega ciertas responsabilidades del hogar a tu pareja cada semana o cada dos semanas. Pídele a alguna amiga o vecina ayuda para llevar a tus hijos a sus actividades. Reduce tus obligaciones. Cocinar siete días a la semana puede ser demasiado; pedir comida para llevar o comer fuera puede darte ese descanso que necesitas. Tu responsabilidad número uno es mantenerte sana, por tu bien, por el del futuro bebé y el del resto de tu familia. Las tareas del hogar y tus otras responsabilidades tendrán que pasar a segundo plano por un tiempo. No olvides darte un tiempo con tu pareja para relajarte y dejarte consentir. Una cena fuera de casa una vez a la semana o al mes, sin los niños, puede hacer toda la diferencia.

No obstante, el embarazo no es el único momento en el que tu cuerpo pasa por cambios importantes. Conforme envejeces, tus hormonas se ponen de nuevo de mal humor cuando llegas a los cuarenta y a los cincuenta.

La premenopausia: empújate hacia "el cambio"

Tu cuerpo cambia con la edad; eso es inevitable. Sin embargo, saber qué esperar y estar consciente de los cambios puede ser de gran ayuda. Al igual que con el SPM, necesitarás estar en comunicación constante con tus médicos para que el régimen de medicamentos funcione de la mejor manera posible. Tal vez necesites un cambio en la dosis o algún medicamento adicional si necesitas ayuda con la depresión o la ansiedad que algunas veces llega con la menopausia. Algunas mujeres sienten alivio con los antidepresivos o con un aumento en la dosis de los estimulantes (o de los antidepresivos), cuando los síntomas lo ameritan. Lo más probable es que tengas altibajos físicos debido a los cambios hormonales así como alteraciones en los síntomas de tu TDAH. Es importante entender que tus hormonas son el motivo del aumento de las dificultades relacionadas con el TDAH.

Una vez en la premenopausia, la menopausia está muy cerca. Como dije antes, las hormonas continúan afectando tu memoria y tu bienestar físico.

Menopausia: puedes cambiar de lo "menos" a lo "más"

Es posible que le temas a esta siguiente fase de los cambios hormonales. Seguramente has escuchado historias de terror sobre el empeoramiento de la memoria y los desagradables cambios físicos y de humor, pero no pierdas la esperanza: no todo está perdido. De hecho, muchas mujeres reportan un sentimiento de bienestar general cuando pasan de la premenopausia a la menopausia. Los cambios de humor se estabilizan conforme el estrógeno se nivela. Para muchas, la ansiedad, la depresión y otros síntomas comunes de la premenopausia mejoran durante la menopausia. Aunque ciertos síntomas parecen mejorar durante la menopausia y la posmenopausia, las mujeres que padecen TDAH continúan con problemas en la recuperación de palabras y la cognición. Tal vez tu doctor sugiera incrementarte los medicamentos para el TDAH, pero como dije antes, los responsables principales son los niveles de estrógeno, los cuales disminuyen en demasía durante este periodo. Algunas mujeres encuentran alivio en la terapia de reemplazo hormonal, pues podría mejorar un poco tu función cognitiva. En su artículo "The Hormonal Influences on Women with AD/HD", la Dra. Patricia Quinn (2002, 99) afirma que añadir un inhibidor selectivo de la recaptación de serotonina (ISRS), un tipo de antidepresivo, es de ayuda con los cambios de humor y con los efectos de tu medicamento estimulante. También dice que puede haber algunas mujeres que necesiten estimulantes, un ISRS y un reemplazo de estrógeno cuando los síntomas empeoran con los ciclos mensuales o con la menopausia. "El estrógeno más los estimulantes pueden ser necesarios para tratar la depresión premenstrual y las disfunciones cognitivas que vienen con la menopausia", pero repito: es imperativo que discutas estas opciones con tu médico.

En resumidas cuentas, entender cómo tu cuerpo cambia y estar consciente de estos cambios puede hacer una gran diferencia en cómo te sientes al igual que ayudarte a aprender a ser proactiva para dominar los síntomas de tu TDAH. La ansiedad por los cambios comunes puede empeorar tus síntomas. Debes saber que no estás enloqueciendo, que es poco probable que desarrolles demencia, y que la mayoría de tus síntomas físicos y emocionales van a mejorar. El ejercicio, las actividades mentales estimulantes, los buenos hábitos de sueño, así como evitar el alcohol y el tabaco te ayudará con los síntomas cognitivos.

Trata de relajarte y disfrutar de este momento de tu vida. Tal vez ahora tengas la libertad de viajar y explorar nuevos intereses. Existen ciertos cambios que vienen con la edad, así que considera ajustar tu estilo de vida y tus horarios, y no olvides los beneficios de contratar a un asesor durante esta nueva transición en tu vida.

Sí, hay desafíos conforme cambian tus hormonas, pero también hay elementos positivos. Con la madurez viene una sensación de tranquilidad. Ahora eres más estable en muchas áreas de tu vida y tienes un sentido de ti misma mucho más sólido. Si has trabajado con muchos problemas relacionados con el TDAH, como la baja autoestima, entonces seguramente has aprendido estrategias y compensaciones para los cambios cognitivos que experimentas ahora. Recuerda que no todas las mujeres tienen una menopausia difícil, y con o sin TDAH algunos cambios cognitivos sucederán de todas formas. Ahora, tus amigas y familiares que no padecen TDAH y que también atraviesan estos cambios hormonales podrán tener una idea de lo que has vivido ¡todo este tiempo!

CAPÍTULO 10

TRABAJANDO DURO
EN EL TRABAJO

Una vez renuncié a un trabajo a los cuatro días. Recién graduada de la escuela, con un título nuevecito de maestría en Trabajo Social bajo el brazo, acepté un empleo en una agencia de adopción. Me preocupaba no conocer los tejes y manejes, las leyes, no saber nada de nada, así que estaba aterrada en mi primer día. Mi supervisor me dio una tarea sencilla: conducir las entrevistas telefónicas... en un cuarto enorme... con otros diez empleados. Apuesto a que ya sabes a lo que voy. Podía escuchar cada tecleo de los teléfonos, cada movimiento de sillas y cada crujido de papel. Pensé que me iba a volver loca por no poder bloquear esos sonidos. Renuncié porque no podía escuchar lo que decía la persona al otro lado del teléfono, no porque el trabajo fuera demasiado difícil o porque no entendiera qué se esperaba de mí.

En ese entonces, no tenía idea de lo que era el TDAH, y mucho menos de que yo lo padecía. Por lo tanto, nunca se me ocurrió pedir facilidades laborales. He oído un sin número de historias similares de mujeres con TDAH y los desafíos que enfrentan en sus trabajos. Las mujeres que padecen TDAH tienen que trabajar diez veces más duro que quienes no lo padecen, y esto es sólo para cumplir con las expectativas básicas. Imagínate estar en un equipo de buceo con la tarea de documentar el hundimiento de un barco y que tú seas la única sin tanque de oxígeno. Así se siente ser una mujer que padece TDAH. Tu trabajo incluye todas las expectativas usuales de cualquier trabajo, como ser puntual, hacer varias tareas a la vez, llevar un horario, saber priorizar, organizar, mantener la concentración, al igual que desarrollar y conservar excelentes relaciones con los clientes y los compañeros. ¿Cómo lo haces? ¡Sólo sigue nadando! Es agotador y un poco aterrador, pero ésas son las reglas del juego, si quieres jugar.

En teoría ya elegiste, de entre miles de opciones de profesiones, la mejor para ti. Encontrar tu camino en la vida es ya de por sí un desafío para quienes no padecen TDAH, y si además le sumamos esta condición potencialmente incapacitante, las opciones se reducen muchísimo. Lo importante es usar estrategias que te ayuden a lidiar con los elementos del trabajo que no sean "amigables" con el TDAH. Este capítulo trata sobre estos aspectos y cómo sobrellevarlos.

Los sospechosos comunes: síntomas del TDAH en el trabajo

El TDAH te sigue a todas partes, desde la casa hasta el escritorio de tu oficina. Los síntomas en el trabajo implican ciertos problemas, e impactan por igual en tus clientes, en tus compañeros y en tu jefe. La puntualidad, por ejemplo, genera ansiedad y tensión, así como conflictos con quien está al mando. La batalla con los horarios, las reuniones de trabajo y las llamadas pueden influir en el éxito que tengas con los deberes laborales y también causar fricción con otros miembros del personal. Otros obstáculos son las distracciones, como gente hablando o el ruido de los teléfonos, lo cual limita tu capacidad de concentración; o la luz fluorescente, que te puede desconcentrar con facilidad. Encontrar el ambiente ideal de trabajo es difícil, pero es aún más difícil encontrar la profesión perfecta para ti.

El embrollo de las profesiones

Todos quieren un trabajo que les encante y en el que sean buenos, pero tu TDAH y tus experiencias pasadas, sobre todo durante los años que viviste sin diagnóstico ni tratamiento, pueden orillarte a tomar una mala decisión en este aspecto. Como resultado, tal vez incluso aceptes un trabajo que aborreces y que no es amigable con tu TDAH. Probablemente te retuerzas para encajar en tu puesto en un intento por conformarte y seguir el juego, pero mantenerte en esa posición puede llevarte al fracaso y a tener problemas de salud relacionados con el estrés, sobre todo si lo haces durante mucho tiempo. Si tuviste bajas calificaciones en la escuela, con seguridad pasaste a la edad adulta con baja autoestima y con miedo al fracaso. Aun si sobresaliste en la escuela, es posible que te agobie encontrar un trabajo que sea adecuado para ti, pues sabes lo duro que trabajaste para sobrevivir como estudiante.

Muchas mujeres que padecen TDAH están desempleadas o mal pagadas porque no dan el siguiente paso hacia un nuevo trabajo por temor a que sea demasiado difícil, lo que se traduce en muchos años infelices atrapadas en un empleo sin salida, aburrido o estresante. Incluso si consigues ese trabajo que siempre soñaste, tu TDAH podría golpearte justo donde más te duele: las necesidades insatisfechas de tu TDAH a menudo causan dificultades y hacen un infierno de lo que, de otra forma, podría haber sido un maravilloso empleo; a diferencia de la escuela, donde por lo regular tus maestros y otras figuras te brindan apoyo, tu jefe y tus compañeros de trabajo tal vez no tengan la misma empatía ni el mismo deseo de verte triunfar. No sólo necesitarás pensar en todos los aspectos a la hora de elegir una profesión, sino que además, una vez que obtengas el trabajo de tus sueños, tendrás que tomar otra gran decisión: revelar, o no, tu TDAH.

¿A quién decirle? El arte de la revelación

Si tienes mucha suerte, encontrarás un trabajo que celebra tus fortalezas y que es compatible con tu TDAH. Sin embargo, para muchas mujeres, los síntomas siguen haciendo estragos. ¿Cómo pedir ayuda? ¿Debes informar sobre tu TDAH? La mayoría de los expertos en TDAH sugieren no revelar tu TDAH ni siquiera a tu jefe porque, por desgracia, muchos usarán la información en tu contra. Algunos pueden pensar que usas tu diagnóstico para evitar ciertas obligaciones, y es probable que como consecuencia te asignen aún más trabajo. Otros no creen que el TDAH exista por lo que rechazan tus solicitudes personales; quizá te critiquen y hagan menos tus dificultades. Algunos tal vez crean que no serás capaz de desempeñarte porque no entienden lo que es el TDAH y lo ven como una carga en lugar de una posible ventaja. Si piensan que tu TDAH limita tu eficacia, te pedirán que te vayas. Existen muchos desafíos al momento de trabajar con personas que no entienden o a quienes no les importa ayudarte con los problemas relacionados con el TDAH. Entonces ¿es más fácil trabajar por tu cuenta o ser tu propio jefe?

Ser... o no ser... una empresaria

Muchas personas sueñan con ser sus propios jefes y tener su propio negocio. Las personas que padecen TDAH acostumbran pensar en grande y tener ideas increíblemente creativas. Tal vez has tenido pensamientos sobre ser empresaria, trabajar en tu propio horario y desarrollar ideas, productos o servicios. ¿Será esto lo más apropiado para ti?

En la cuerda floja sin red de seguridad

Recuerda que sin la presión de tener jefe o compañeros de trabajo cerca es más probable que te distraigas de tus deberes por la falta de una estructura externa. Tal vez sea más difícil cumplir con los plazos y poner atención a todos los detalles, como los deberes administrativos, el papeleo, la contabilidad, la planificación y el seguimiento de llamadas y correos electrónicos. Es posible que tengas muchas ideas pero no un plan sólido para implementarlas; en cuanto tienes una nueva idea, la ejecutas de inmediato, pero dejas que tus otros proyectos sin terminar se marchiten en el olvido. Si trabajas desde casa, lo más probable es que te distraigas con tu familia, con tus mascotas, con la televisión y la computadora, y con cualquier otra cosa que pida tu atención. Si te descubres entre la espada y la pared a punto de perder la batalla que implica terminar el trabajo a tiempo, o sin pensar en los documentos importantes que se acumulan como hierba, seguramente querrás escapar dada la frustración, o abandonar la nave en cuanto te empiezas a aburrir.

La fosa del dinero

Administrar las finanzas también puede ser una dificultad enorme. Los adultos (no sólo las mujeres) que padecen TDAH son propensos a malgastar el dinero debido a la impulsividad o la incapacidad de manejar los detalles. La contabilidad, el balance de la chequera y pagar las cuentas pueden ser tareas en especial difíciles por las limitaciones que enfrentan las personas que padecen TDAH en la función ejecutiva, con la procrastinación, la evasión y los problemas con los detalles. Eso no significa que debas evitar entrar en el mundo de los negocios por tu cuenta. De hecho, muchos de los empresarios más exitosos padecen, o se piensa que padecen, TDAH. Por ejemplo, el empresario genio de la mercadotecnia y autor de éxito, Seth Godin padece TDAH, así como David Neelman, el fundador y antiguo Director de JetBlue Airways. Lo más importante es tener planes de apoyo para que disfrutes al máximo ser independiente.

Sólo sigue nadando...

Si eres ese buzo sin tanque de oxígeno que mencioné al inicio de este capítulo, hay algunos trucos que te ayudarán a respirar en el trabajo, aunque no tengas un tanque de oxígeno. Exploremos algunas soluciones para que triunfes en el trabajo, ya sea que lo hagas para alguien más o seas una empresaria independiente.

REMEDIOS ANTI-DESORDEN

¡No pierdas la esperanza! Puedes conservar tu área de trabajo limpia y "lo suficientemente ordenada". Mantén a raya ese montón de desorden por medio de un sistema eficiente de archivo y con una rutina para hacer el papeleo, como apartar una hora específica cada día para esta actividad. Usa el mismo sistema que te funciona en casa. Si necesitas tener tus documentos y archivos a la vista, recurre a los archiveros descubiertos en lugar de cerrados. Dedica un tiempo cada día a ordenar tu espacio de trabajo e incluye este tiempo de "limpieza" en tu agenda. Pueden ser los primeros o los últimos diez minutos de tu jornada.

HAZ QUE EL PAPELEO FUNCIONE PARA TI

No colapses por culpa de la pila de documentos. ¡Puedes domarlos! Adopta el hábito de encargarte del papeleo en cuanto lo toques. Consigue una charola de dos niveles y etiquétalos "para hoy" y "para después". Coloca los papeles que no puedan procesarse de inmediato en la bandeja "para hoy". Dedica diez minutos al final del día a hacerte cargo de los documentos de esta bandeja.

Revisa la bandeja "para mañana" al final de cada semana. Delega o tira el papeleo que, siendo realistas, no vas a hacer. Considera negociar estas tareas con tus colegas. Por ejemplo, pídeles que se hagan cargo del papeleo a cambio de hacerte cargo del teléfono.

Asegúrate de no deshacer el camino andado

Todavía necesitas otros trucos para mantenerte a flote y bien organizada en el trabajo. Aquí hay algunos más.

Pídele a tu jefe y a tus compañeros de trabajo que te envíen las solicitudes y comunicados en un correo electrónico; así no tendrás que recordar todos los detalles y tendrás recursos visuales y confiables para cumplir con tus deberes. La ventaja adicional es que tendrás un registro de todas las solicitudes/comunicados, el cual puedes guardar en una carpeta especial de "pendientes" en tu correo.

Otra alternativa útil es tener una pequeña lista de pendientes para cada día y pegarla en tu escritorio o en tu pared para que siempre esté visible. (Recuerda que para el cerebro con TDAH, si no está a la vista, se olvida.) Pídele a tu jefe que desglose los grandes proyectos en pequeñas tareas viables. Para las tareas complicadas pero repetitivas, escribe los pasos en tarjetas y pégalas en un lugar visible.

Acción anti-distracción

Hay muchas maneras de lidiar con las distracciones en el trabajo. Aquí tienes sólo algunas ideas para empezar, pero tal vez a ti se te ocurran algunas más por tu cuenta:

- Si es posible, recorre tu horario para que puedas llegar a casa temprano o salir más tarde, lo cual te permitirá añadir ejercicio a tu rutina. Un descanso a medio día te ayudará a energizarte y a recuperar la concentración para terminar el día.

- Usa audífonos de cancelación de ruido para aislar los sonidos distractores con música clásica o sonidos de la naturaleza, o usa tapones para los oídos si no necesitas interactuar mucho con el personal o los clientes.
- Aprovecha la librería del trabajo o los salones de juntas para contar con un espacio extra silencioso cuando necesites concentrarte.
- Apaga el tono de llamada y las notificaciones de correo de tu celular cuando estés en medio de un proyecto importante que requiera toda tu atención. Cierra por completo tu correo si lo revisas obsesivamente.
- Coloca un letrero que diga "trabajando bajo una fecha límite, favor de regresar más tarde" en tu puerta o cubículo, o compra un reloj de cartón con manecillas móviles que diga "regreso a las...".
- Acomoda tu silla de forma que no dé hacia la circulación de personas u otras distracciones o, si es posible, pide una oficina privada.
- Tómate descansos con frecuencia para estirar las piernas.
- Usa una grabadora de voz en las reuniones para que puedas volver a consultar lo que se dijo si pierdes la concentración.
- Consigue un generador de ruido blanco para aislar las distracciones, pero sólo si no es un distractor para tus compañeros. Siempre es mejor preguntar.

¡Estupendo! Ahora que ya tienes algunas herramientas para lidiar con las distracciones, vas por buen camino para dominar la administración del tiempo.

¡Esclava del tiempo nunca más!

No dejes que los síntomas del TDAH te agobien. Al igual que en tu hogar, hay muchas soluciones que te ayudarán a mantenerte concentrada en el trabajo para que puedas dar lo mejor de ti:

- Planea el trabajo más difícil para cuando estés más despejada.
- Hazte amiga de algún compañero de trabajo y compartan el carro para llegar a tiempo a trabajar.
- Compite contigo misma o con otros para llegar puntual al trabajo.
- Mide el tiempo en las mañanas para llegar al trabajo con quince minutos de anticipación (o más) y trabaja en lo que estés atrasada.
- Pide un horario flexible. Si las mañanas son complicadas para ti, consulta si puedes llegar tarde y salir tarde.
- Si tienes dificultades para levantarte en la mañana, suscríbete a un servicio de llamadas de despertador (búscalo en línea).
- Explora aplicaciones y otras tecnologías que te ayuden a administrar mejor el tiempo.
- Es importante que busques ayuda para tu TDAH: si estás tomando medicamento, asegúrate de que funcione correctamente. Busca formas de liberar estrés; el ejercicio, la meditación, una buena nutrición y un sueño reparador son esenciales.
- Trabajar con un asesor de TDAH es invaluable. Éste puede ayudarte a establecer estrategias para llegar a tiempo al trabajo, enfrentar proyectos a corto y largo plazo y a lidiar con el papeleo y el desorden.

Todos son muy buenos consejos para ayudarte a tener éxito en el trabajo. Pero, ¿qué pasa cuando ni siquiera puedes decidir cuál es el mejor trabajo para ti?

Girar la botella de las profesiones

Encontrar el trabajo o la profesión ideal requiere de un profundo análisis. Puede ser difícil elegir algo que te apasione y en lo que seas buena. La autora y experta en TDAH Wilma Fellman, autora de *Finding a Career That Works for You: A Step-by-Step Guide to Choosing a Career* (*Cómo encontrar una profesión adecuada para ti: guía para elegir profesión*) (2006), ha escrito bastante sobre profesiones para hombres y mujeres que padecen TDAH; no dice cuáles profesiones son mejores, sino que ayuda a encontrar la mejor para cada quien. Ella sugiere, en primer lugar, que aprendas más sobre ti misma, tus intereses, tus limitaciones, tus fortalezas y tu estilo de trabajo preferido (por ejemplo, físico o sedentario; un trabajo que requiera que improvises sobre la marcha o uno que te permita reflexionar en silencio) y, en segundo lugar, que te informes sobre los diferentes tipos antes de elegir una profesión o trabajo específicos. En pocas palabras, refuerza la importancia de elegir una profesión ¡que funcione para ti!

Si adoptas una carrera que te encante, tu pasión se hará notar, te motivará y te llenará de energía. Te destacarás por tus fortalezas y no por tus limitaciones, aunque todavía necesitarás resolver el tema de las facilidades para tu TDAH. Si bien por lo regular los individuos hiperactivos buscan empleos muy estimulantes, como de policía, de apoyo en una sala de emergencias o en ventas, una persona diagnosticada con TDAH podría desempeñarse bien en la contabilidad porque le encantan los números, tiene una gran capacidad de concentración y le gusta trabajar dentro de fechas límite porque le ayuda a mantenerse enfocada. Otros se desarrollan mejor en ambientes tranquilos y, por lo tanto, buscan una profesión en la literatura, la investigación o las computadoras, aunque esas mismas personas también pueden sentirse atraídas por profesiones altamente estimulantes debido a sus intereses y habilidades. Cualquiera que sea tu elección, incluso si parece la equivocada, necesitas encontrar la forma de hacer que funcione para ti.

Para elegir una profesión, piensa en tus sueños a futuro. Tal vez te imaginas como médico porque te gusta ayudar a la gente, pero te has dado cuenta de que diez o más años de educación superior no es algo que puedas sustentar financiera o emocionalmente junto con tu TDAH. Si la idea de sentarte en el mismo salón durante muchos años es demasiado inquietante, piensa en otros trabajos o profesiones en el área de la salud para que se adapten mejor a ti y que no requieran de un horario de entrenamiento tan riguroso, pero recuerda que mucha gente que padece TDAH ha pasado por la facultad de medicina. Por lo general la pasión por un tema puede ayudarte a tener la concentración necesaria para lidiar con las exigencias del material académico.

Aprovecha tus recursos

Lo ideal sería que busques un orientador vocacional con experiencia en TDAH y otras discapacidades no visibles. Para encontrarlo, contacta al departamento de rehabilitación vocacional de tu localidad para encontrar oficinas cerca de ti. En *Finding a Career That Works for You: A Step-by-Step Guide to Choosing a Career*, Fellman (2006) también sugiere visitar centros de trabajo para conocer lo que la profesión implica. Los asesores de TDAH cuentan con entrenamiento especializado para ayudar a los adultos que necesitan elegir una profesión. Tal vez encuentres a un asesor con esta formación en particular. Visita <http://ADDconsults.com> para obtener más información sobre este tipo de apoyo. Los orientadores vocaciones están capacitados para ayudarte a aprender más sobre tu personalidad, tu estilo, tus fortalezas y limitaciones; aprovecha este maravilloso recurso. Entender qué tipo de trabajo es el adecuado para ti te puede salvar de una vida de aburrimiento, depresión, ansiedad, estrés y demás.

Recalca "activa" en hiperactiva

Si eres del subtipo hiperactivo/impulsivo, probablemente ansíes la estimulación y el movimiento, y te atraigan trabajos que requieran de esto, como empleada en una sala de emergencia, reportera de noticias, oficial de policía, bombero, vendedora, maestra de primaria o de preescolar, artista o contratista independiente. Eso no significa que no puedas desempeñar un trabajo con menor actividad física pero, en ese caso, asegúrate de tener algún desahogo físico durante el día para que te mantengas tranquila y concentrada. Los objetos que puedes manipular con las manos, como pelotas anti-estrés, son muy útiles. Muchas mujeres hiperactivas consideran que el trabajo militar se ajusta a su necesidad de estructuras y responsabilidades.

¡Inatenta no quiere decir aburrida!

Si eres una mujer del subtipo inatento de TDAH, tal vez prefieras un trabajo silencioso y reflexivo, pero eso no significa que estés limitada a un trabajo de oficina. Puede ser que disfrutes el trabajo al aire libre o en un laboratorio de investigación, una librería, el trabajo administrativo, el diseño de interiores o dar clases de yoga.

Por otro lado, muchas mujeres inatentas se sienten recompensadas al trabajar en ambientes muy estimulantes, como dando clases o en la interpretación artística. Sin embargo, tales trabajos requieren de una compensación adicional, como tiempo de descanso para recuperar energía. Las mujeres del subtipo inatento por lo general tienen un cerebro hiperactivo y necesitan sentirse incentivadas y estimuladas, así que es importante que no caigas en el tipo de trabajo que te haga sentir estancada.

Ahora que ya tienes más claro cómo encontrar el trabajo ideal para ti, lo que sigue es determinar si debes, o no, revelar tu TDAH a tu jefe y compañeros de trabajo y, de ser así, qué tanto debes decirles.

Juro solemnemente decir la mitad de la verdad y nada más que la mitad de la verdad

Defender tus necesidades sin poner en riesgo tu trabajo, en efecto, es un desafío, pero si decides revelar tu condición a tu jefe y compañeros de trabajo, aquí tienes algunos consejos que debes tener en mente.

La ley está de tu lado

Hay formas de proteger tus derechos. Por ejemplo, en Estados Unidos, la Ley sobre Estadounidenses con Discapacidades (ADA) ahora incluye al TDAH como una discapacidad. La ADA es un conjunto de leyes federales diseñadas para terminar la discriminación laboral de gente con alguna discapacidad, así como para proveer igualdad de oportunidades de trabajo. Esto significa que, por ley, podrías ser candidata para recibir apoyo especial si tú, y el lugar donde trabajas, cumplen con ciertos requisitos. El ADA protege a los empleados con discapacidad de muchas formas. Los empleadores (repito, si se cumplen ciertos requisitos) deben ofrecerte facilidades (una vez más, bajo ciertas circunstancias) para nivelar tu campo de juego. Las facilidades no son específicas, pero pueden ir desde sistemas de organización, permitirte horarios flexibles, darte listas de tareas, hasta ofrecerte indicadores visuales y auditivos, y apoyos similares. Puedes leer más sobre tus derechos en <http://www.ada.gov> (en inglés y para ciudadanos estadounidenses).

Ésa es la buena noticia. La mala es que muy pocas personas tienen éxito al tratar de hacer que la ley funcione a su favor para poder solicitar, y recibir, facilidades laborales. Del mismo modo, poca gente tiene éxito en casos de discriminación laboral. Aunque sea absolutamente necesario y seas candidata para recibir apoyo, puede ser difícil y muy caro ganar un caso contra un empleador que se niega a proveer dichas facilidades laborales. Por esta razón, es mejor tratar de arreglarlo con tu jefe o con el departamento de recursos humanos de tu lugar de trabajo. De hecho, la mayoría de los expertos en TDAH ni siquiera sugiere revelar tu condición, pues, tristemente, muchos empleadores usarán esta información en tu contra. Tenemos mucho trabajo por hacer para instruir a las personas con las que trabajamos para que las mujeres que padecen TDAH puedan ser contratadas de manera exitosa. De hecho, muchos adultos que padecen TDAH tienen tanta energía, pensamiento creativo y tenacidad en el trabajo, que alentarlos por medio de varios tipos de apoyo sería benéfico para todos.

Tu mejor opción es pedir facilidades laborales de manera informal, sin revelar tu diagnóstico de TDAH. Usa palabras descriptivas para explicar tus dificultades. Comienza por decirle a tu jefe que tu intención es ser en verdad productiva y que tomas en serio tus ganas de dar lo mejor de ti. Por ejemplo: "quiero hacer un excelente trabajo, pero cuando los compañeros me interrumpen constantemente para decirme algo, suelo distraerme y no puedo desempeñarme al máximo. ¿Hay algún problema si me voy a otro lugar para trabajar en este proyecto?". Siempre haz tus solicitudes de forma positiva y desde una posición de fortaleza.

Consejos adicionales

Hay muchas cosas que puedes hacer para que tu lugar de trabajo sea más "amigable" con tu TDAH. Aquí tienes algunos consejos adicionales para ayudarte a tener éxito:

- Pide reunirte con tu jefe de forma regular para estar segura de no salirte del camino y así mostrar que es en serio tu intención de dar lo mejor de ti.
- Usa programas como correctores ortográficos y calculadoras parlantes como parte de herramientas.
- Usa sistemas de archivo con códigos de color.
- Usa un reloj vibrador con alarmas y prográmalas para que se activen durante el día como recordatorio para mantenerte enfocada.
- Cada lunes, revisa tu plan de la semana y divide los proyectos más grandes en pequeños pasos; ingresa cada uno en tu agenda y anota cuánto tiempo requerirá cada uno. Revisa tu plan junto con tu jefe, si es posible.
- Siempre lleva un pequeño cuaderno para anotar comentarios y solicitudes, y no olvidarlas.
- Para correos electrónicos importantes relacionados con el trabajo, asegúrate de tener un respaldo automático en tu computadora. También puedes enviar copias a tu correo electrónico personal para que tengas un respaldo en caso de que se pierdan o se borren. (Sólo en caso de que esto no implique romper ninguna regla de privacidad de tu trabajo.)

Espero que estos consejos te ayuden a tener éxito y a sentirte exitosa trabajando para alguien más.

No obstante, algunas mujeres se liberan del estrés de tratar de encajar en un trabajo específico al convertirse en empresarias y establecer espacios de trabajo y deberes que se ajusten a su TDAH. Veamos un poco más sobre cómo funciona esto.

Si fuera reina...

Si te cuesta trabajo encajar en el mundo corporativo y te gusta la idea de ser tu propio jefe, tienes muchas ideas y una gran motivación, ¡considera empezar tu propio negocio! Con frecuencia he observado que quienes padecen TDAH tienen muchas de las cualidades de una empresaria: son creativas, abiertas a nuevas estrategias y dispuestas a tomar riesgos. (Sobre todo quienes son del subtipo hiperactivo/impulsivo.) Sin embargo, ser independiente, sin una estructura interna, puede ser un problema. ¿Qué necesitas hacer para evitar caer en las posibles trampas relacionadas con el TDAH? Para tener éxito, necesitarás encontrar formas de ajustar las tendencias y síntomas de tu TDAH.

¡LOS ASESORES SON LO MÁXIMO!

Antes de dar el gran salto con esa buenísima idea de negocio, es aconsejable contratar a un consultor de negocios para que te ayude a desarrollar un plan a uno, dos, tres, cinco y diez años, así como para tomar las medidas necesarias en cada uno de los pasos que te llevarán ahí. Trabajar con un asesor de TDAH es casi indispensable: él te ayudará a establecer sistemas para mantenerte al corriente con las cosas que usualmente se te salen de las manos: la administración del tiempo, el papeleo, el desorden y demás. Si contratar a un asesor de TDAH no es una opción para ti debido a tus restricciones financieras, entonces tal vez puedas buscar un socio de negocios que equilibre tus debilidades con sus fortalezas y viceversa. Tal vez tú seas la fuerza creativa en el negocio, mientras que tu socio tiene talento para manejar los detalles como la contabilidad, la estructura y la administración.

Si empiezas tu propio negocio, puede ser que trabajes sola o con otras personas. Aunque a lo mejor hagas equipo con menos personas que en otro tipo de empleo (aunque no siempre es el caso), tienes que pensar en cómo lidiar con las distracciones. Veamos algunas formas de hacerlo.

Esto sólo tomará un minuto... (tres horas después)

Ahora que eres la dueña de un negocio, tú cargas con toda la responsabilidad. ¿Cómo equilibrar todo (establecer metas, mantenerte concentrada y lidiar con las distracciones) mientras te enfrentas con el TDAH en tu estudio? Aquí hay algunos consejos:

- Programa en tu agenda (o en cualquier otro instrumento para administrar el tiempo) cosas que no te gusta hacer y cosas que sí te gusta hacer para asegurarte de que ambas se hagan todos los días.
- Usa una alarma que te recuerde hacer esas cosas desagradables que aborreces.
- Si eres más productiva en la noche, trabaja desde tarde hasta las primeras horas de la mañana; o si por el contrario, te desempeñas mejor en las mañanas, empieza a trabajar desde muy temprano, siempre y cuando esto se ajuste a tu estilo de vida y a las necesidades de tu familia.
- Otra opción es trabajar las mismas horas que trabajarías en una oficina. Trata de que tu horario sea constante y ¡de seguir tu agenda!
- Si trabajas desde casa y tienes familia, pon un letrero en tu puerta con tu horario. Diles cuándo está bien interrumpirte.
- Trata tu oficina en casa como si fuera el ambiente de un empleo regular. Ubica tu espacio de trabajo lejos de las distracciones y equípalo con todo lo que necesitas.
- Usa generadores de ruido blanco para aislar las distracciones auditivas.
- Contrata a un asistente virtual para administrar las pequeñas cosas y así puedas concentrarte en los aspectos

importantes de tu negocio y no desviarte. ¡Enfócate en tus fortalezas!

- Programa un tiempo creativo para desarrollar ideas. Es menos probable que tu mente divague durante el día si te das un tiempo "jugoso" de lluvia de ideas.
- Cubre una pared completa con pizarrones blancos y tableros de anuncios para que puedas anotar las ideas que vengan a ti, y escribe una pequeña lista de pendientes para mantenerte al corriente.
- Compra una pequeña grabadora de audio digital, usa la función de recordatorio en tu celular, o envíate un correo electrónico o un correo de voz para capturar las "grandes" ideas, sobre todo cuando estés lejos de la oficina.

Ahora que ya tienes algunas ideas para organizar tu espacio "interno", es momento de organizar tu espacio "externo" para que funcione para ti. Aquí hay algunas ideas para comenzar.

Jugar con tu espacio

Puesto que ahora ya tienes más flexibilidad en cuanto a dónde y cómo trabajar, querrás usar tu espacio y tus opciones de organización al máximo para estar cómoda y ser lo más productiva posible. Me parece que describir mi estudio y cómo lo instalé para que se ajustara a mí puede serte de ayuda, así que aquí va; tal vez te dé algunas ideas para el tuyo.

Estás entrando a... "La zona Terry"

Cuando comencé a trabajar desde casa, instalé en una recámara desocupada mi espacio de trabajo "para pensar". Debido a que tengo *dificultades visoespaciales*, es decir, me cuesta trabajo visualizar las cosas, contraté a un organizador profesional para que me ayudara con la instalación y me enseñara estrategias para mantener mi espacio de trabajo organizado. También contraté a una decoradora que pudiera disponer la habitación de manera que no sólo fuera atractiva, sino también "amigable" con el TDAH. El organizador profesional (sí, ilos hay especialistas en TDAH!) instaló unas repisas en el clóset y organizó el espacio para que tuviera un sentido lógico: los suministros de oficina en un lugar, las carpetas en otro, etcétera. Quienes sufrimos de TDAH solemos tener el síndrome de "si no está a la vista, lo olvido", así el organizador profesional me mostró que puedo tomar un objeto de la caja, por ejemplo un folleto, y doblarlo sobre el borde para tener un indicador visual de lo que contiene la caja. Mi impresora, mi escáner y mi máquina de fax están en el clóset, junto con diarios profesionales, revistas y más. La decoradora evaluó mis necesidades junto conmigo y me ayudó a elegir una gran cantidad de espacio para almacenar mis libros y archivos. Los archivos están en archiveros cerrados: los papeles de trabajo en un área de la habitación y los documentos personales en otra. Mi mayor satisfacción es el escritorio de acero inoxidable que cubre toda la pared del fondo de la habitación en donde puedo expandirme a gusto. Debido a que no puedo visualizar una imagen en mi mente, no tengo la menor idea de dónde están mis proyectos ni mi material; tengo que *ver* mis cosas para poder funcionar al cien por ciento. Con mi mesa grande, puedo tener muchas cosas importantes a la vista.

Un desorden manejable no siempre es malo. Para muchas de nosotras la creatividad fluye mejor cuando tenemos una estimulación visual que nos incita. Yo tengo una pizarra de anuncios en la parte delantera de la puerta del clóset y otras tres pequeñas alrededor. También hay algunos contenedores inclinados en dos paredes para guardar cuadernos de espiral para mis múltiples proyectos, junto con revistas y diarios. Por supuesto, también tengo la computadora en el escritorio y un montón de lámparas junto con la luz natural que entra por las dos ventanas. En mi caso, una silla de oficina cómoda es indispensable. Para recordarme a mí misma que tengo que tomar descansos, tengo un cómodo sillón reclinable en la esquina con material para leer a un lado. También hay un pequeño sofá para invitar a mi familia a pasar tiempo conmigo cuando descanso o sólo para hacerme compañía con alguna actividad silenciosa mientras trabajo.

Puede que también quieras crear un pequeño espacio donde puedas relajarte y meditar, o escuchar música mientras trabajas o descansas. (Para más detalles sobre cómo preparar dicho espacio, consulta la sección "La zona de confort para el TDAH de Terry", en el capítulo 11.) Los pizarrones blancos, los tableros de anuncios y los rotafolios te ayudarán a capturar tus ideas y a mantener el enfoque. Si es posible, busca un área de trabajo que tenga puerta para que te puedas aislar de las distracciones; si definitivamente no lo hay o si tu casa tiene demasiados distractores, tal vez necesites rentar una oficina en otra parte.

Instalar un espacio de trabajo sólo es la mitad de la batalla. Ahora que ya eres tu propia jefa, ¿cómo manejar tus finanzas?

Aceptémoslo, con dinero baila el perro

Aunque la administración de dinero puede ser un verdadero desafío, hay muchas formas de sacar adelante esta tarea tan rigurosa y, a veces, tediosa. Aquí tienes algunas ideas para sobrellevar esta parte, a menudo difícil, de tu negocio:

- Establece pagos automáticos en línea de tus recibos para reducir el papeleo.
- Considera contratar a un contador o asistente virtual para administrar tu papeleo financiero y contabilidad, de preferencia alguien que entienda tus dificultades y sea empático. Recuerda lo que he repetido a lo largo de este libro: recibir ayuda externa y facilidades no es un lujo, sino una necesidad.

- Busca un socio de negocios que tenga fortalezas en esta área.
- Abre una línea de crédito específica para tu negocio con un límite reducido y así prevenir las compras compulsivas. Sólo usa esa tarjeta para compras relacionadas con tu negocio, para que tengas un respaldo en papel.
- Abre una cuenta de banco que te envíe recordatorios como mensajes de texto o correos electrónicos cuando tu saldo se agote.

La administración del dinero no siempre es fácil, pero no tiene por qué ser un obstáculo para lograr el éxito. Ahora que ya tienes una mejor idea de las cosas y estás lista para dar el salto, aquí tienes algunos consejos más para ayudarte en tu camino:

Consejos adicionales

Cada día hay más y más recursos para el empresario ocupado. Éstas son otras cuantas ideas:

- Puedes subcontratar todo tipo de empleo, grande y pequeño, a través de sitios web dedicados a los trabajadores independientes (*freelancers*) como <http://www.elance.com> y <http://www.odesk.com>. Aquí puedes encontrar contadores, diseñadores web y gráficos, personal de soporte telefónico y mucho más.
- A los niños les encanta ayudar a sus padres. Si eres madre, considera contratar a tu hijo para que te ayude con el archivo y otras tareas de oficina.
- Los estudiantes de administración de negocios suelen buscar empleos de medio tiempo o incluso como becarios. Contacta a la universidad de tu localidad para buscar becarios entusiastas.

Trabajar por tu cuenta puede ser una experiencia emocionante y satisfactoria, y mientras tengas el apoyo necesario puedes llegar muy lejos.

Las mujeres que padecen TDAH hacen malabares con muchas cosas en sus vidas, desde administrar el hogar y la familia hasta disfrutar de una profesión en plenitud. Recibir la ayuda que necesitas para tu TDAH es la clave para que todo funcione. No siempre es un camino fácil, pero es completamente viable, siempre y cuando tengas un buen entendimiento de tu TDAH, de cómo te afecta y de qué necesitas hacer para que el TDAH trabaje a tu favor.

CAPÍTULO 11

CÓMO ARMAR EL ROMPECABEZAS

Todo comenzó cuando mi padrastro de noventa y nueve años se rompió la cadera, y lo tuvieron que operar de inmediato; pasó por una larga rehabilitación y requirió cuidados las veinticuatro horas del día una vez dado de alta. Durante tres semanas fui al hospital casi todos los días. Recibí llamadas a mitad de la noche, coordiné sus cuidados, hablé con los médicos y me encargué de los horarios: yo era el apoyo de mi estresada y agobiada madre de ochenta y seis años. Mi casa estaba llena de familiares que venían de otras ciudades y que necesitaban comer (la mayoría con diferentes necesidades alimenticias) y ser atendidos, incluidos los pequeños gemelos que necesitaban atención constante; también cuidaba de mi hija, quien padece de TDAH y requiere ciertas atenciones especiales. Y si además le sumamos a la situación que tenía una fecha límite para terminar este libro, me encontraba bajo mucha presión. ¡Ah! Y claro, también trabajaba como de costumbre.

Yo puedo con esto, no hay problema, pensaba, pero las necesidades de todos los demás estaban antes que las mías. El estrés se acumuló y mi mundo se derrumbó. No podía hacer planes. Estaba agobiada por la cantidad de gente que entraba y salía, que me hablaba y quería comer. Me dolía el estómago y tenía náuseas, estaba tensa y reaccionaba a la menor provocación. ¿La peor parte? Mis viejos pensamientos volvieron: *¿Qué me pasa? ¿Por qué no puedo disfrutar de mi familia? ¿Por qué me siento tan cansada?*

Finalmente, para no perder la cordura, les pedí a todos que eligieran su propia comida en el mercado y comíamos en trastes desechables. Comisioné a mi esposo para que les diera refrigerios con frecuencia. Contraté a una cuidadora para mi hija, quien, como yo, estaba agobiada por la conmoción. Me retiraba a mi estudio de arte y música cuando podía para disfrutar del silencio en soledad o para relajarme. No soportaba comer con la familia, así que esperaba a que terminaran y comía sola en una esquina. También me apoyé mucho en mi hija mayor para que se hiciera cargo de las comidas y la limpieza. A pesar de las facilidades, seguía siendo difícil, pero sobreviví y recuperé mi autoestima mucho más rápido de lo que lo habría hecho antes de haber comenzado mi travesía para entender el TDAH.

Aun cuando tienes las herramientas y estás bien preparada las cosas suceden, pero no debes permitir que esto disminuya tu calidad de vida. Todo es temporal y volverás a levantarte. Contar con los consejos, las herramientas y el apoyo del que hablo en este libro te ayudará a sobrellevar cualquier situación y regresar más rápido al camino y, con suerte, tu autoestima no se verá afectada como antes. Tal vez pases por una crisis, pero ya no es necesario que ésta te determine: puede ser sólo una breve irregularidad en el radar de la vida.

Las mujeres de nuestra cultura contemporánea hacen malabares con los oficios: madre, esposa, amante apasionada, planificadora, consejera, cocinera, compañera de boliche, mejor amiga, empleada o empresaria, por nombrar sólo algunos. La mujer de hoy en día tiene que cumplir con altas expectativas de ser capaz de hacerlo todo, y hacerlo bien, sin errores y con una sonrisa de oreja a oreja. Cuando no cumple con estas expectativas o "no está al nivel", siente remordimientos y culpa, lo que la lleva a deprimirse. De esta manera, una mujer que padece TDAH, y que ya de por sí lucha con sentimientos de duda sobre sus capacidades, tiene que agregar la depresión a la lista de fracasos. *¡Arriba ese ánimo!*, se dice a sí misma. *¿Qué te pasa? ¿Por qué no eres capaz de manejar las cosas que las demás sí?* Para lidiar con su depresión, posiblemente recurra a ciertas conductas para calmarse, como ir de compras, ver televisión, navegar en internet, comer de más o apostar, y antes de que se dé cuenta, tiene un nuevo problema: una adicción.

Este último capítulo está dedicado a revisar las piezas que constituyen el rompecabezas del TDAH y que hemos discutido en los capítulos anteriores, además de una pizca de introspección adicional para ayudarte a armar el rompecabezas de tu TDAH.

Las notas de Terry

Revisemos brevemente los puntos principales de cada uno de los capítulos para que puedas consultarlos cuando te atores en algo y necesites refrescar tu memoria. Esto son los puntos más relevantes del libro.

- El TDAH no es un pretexto: es una explicación a tus dificultades (capítulo uno).
- Pide ayuda. No eres perezosa o incapaz, pero sí necesitas pedir apoyo y facilidades para una condición que es válida y real (capítulo 1).
- Para lidiar con el desorden, asígnale un lugar a cada cosa y reduce tus expectativas. Está bien tener áreas de desorden siempre y cuando seas "lo suficientemente organizada" (capítulo 2).
- Simplifica las comidas, recurre a "trampas", usa etiquetas para organizar y tarjetas para guiarte (capítulo 3).

- Para administrar tu tiempo, haz de tu agenda tu mejor amiga y trabaja con un asesor de TDAH (capítulo 4).
- Simplifica tus atuendos al reducir tu guardarropa y armar tus propios "uniformes" para cada temporada con un color que resalte. Pídele a una amiga de confianza que te ayude a ir de compras y a organizar tu armario (capítulo 5).
- Si eres madre, pide apoyo para cuidar a tus hijos algunas veces, aun cuando estés en casa. Date un descanso de tus hijos de forma regular para evitar sentirte agobiada y explotar (capítulo 6).
- Mantén sanas tus relaciones por medio de la comunicación abierta y constante o con reuniones semanales, de ser necesario. Anota las reuniones en tu agenda (capítulo 7).
- Hazte consciente de cuáles son tus hipersensibilidades así como qué te ayuda a calmarlas para que las domines. Conócete a ti misma y haz ajustes para tu propia comodidad (capítulo 8).
- Puesto que los cambios hormonales afectan los síntomas del TDAH, presta atención y trabaja con tu médico para ajustar y adaptar tus medicamentos tanto como sea necesario (capítulo 10).
- Para sobrevivir en el trabajo haz todos los ajustes que necesites (capítulo 10).
- Optimiza tu tratamiento: para que estos consejos funcionen, el medicamento (si te lo han recetado), la terapia, las asesorías y el apoyo deben estar siempre bien calibrados (capítulo 11).

Aún hay muchas maneras de hacerte la vida más fácil y sentirte lo mejor posible. Tal vez ya utilices algunas de éstas, pero, a lo mejor, no has pensado en estas otras sugerencias.

Comprometerse en exceso lleva al borde del abismo

Además de los factores evidentes que contribuyen al equilibrio, como la buena calidad del sueño, el descanso, una buena nutrición y el ejercicio, una de las actitudes cruciales y más difíciles de adoptar para las mujeres que padecen TDAH es decir *no* y mantenerse firmes. Aprender a decir que no hará una gran diferencia para ayudarte a equilibrar tu vida.

¿Eres una mujer que siempre dice que sí? "Sí, con mucho gusto hornearé seis docenas de panqués para el equipo de fútbol". "Sí, trabajaré todos los fines de semana". "Sí, yo llevo a la abuela al salón de belleza todos los sábados". El compromiso excesivo es común en mujeres que padecen TDAH, lo cual puede generar confusión, caos, estrés e incluso resentimiento, y todo esto podría llevarte a la pesadilla del desequilibrio.

¿Por qué esto es una trampa para las mujeres que padecen TDAH? Tal vez te guste estar siempre ocupada y sentir que te necesitan, o tal vez te gusta complacer a los demás y no quieres decepcionarlos, sobre todo porque sientes que le has fallado a mucha gente a lo largo de tu vida. Además, tu noción del tiempo, como la de muchas mujeres que padecen TDAH, puede estar un poco distorsionada, y puede ser que te falle el cálculo de cuánto tiempo te toma hacer las cosas. Por último, si eres impulsiva, es demasiado fácil decir que sí a todo lo que te piden, pero esto te desequilibra por completo. Ser una mujer que siempre dice que sí puede sumarte puntos y hacerte sentir bien por ayudar a los demás, pero, ¿cuál es el costo? Es probable que la vida ya te parezca un gran compromiso (piensa en todas la pilas de ropa sucia, los recibos sin pagar, los trastes sin lavar y los proyectos sin terminar); por lo tanto, ¿por qué aceptar aún más compromisos? ¿Quieres saber un pequeño secreto que te ayudará a salir del agobio y a tener de nuevo el control de tu tiempo?

El secreto para evitar el compromiso excesivo

"Déjame pensarlo y te aviso" es una pequeña pero poderosa frase que puede ahorrarte muchos problemas; te da la oportunidad de mirar en tu interior y darte cuenta de cuál es tu reacción ante tal solicitud. ¿En el fondo dudaste y te estremeciste? Esto podría ser una señal de que en verdad no quieres hacerlo. ¿O tal vez te sentiste honrada y emocionada? ¡Entonces sí! Pero aun si es algo que te gustaría hacer, no siempre tienes tiempo. La frase de arriba puede darte la oportunidad de evaluar la solicitud en los aspectos emocionales y prácticos; te da tiempo para evitar actuar por impulso. Probablemente te cueste mucho trabajo decir que no porque quieres complacer, pero esta pequeña oración te ayudará a tomar las riendas de lo que puedes y quieres hacer, y de lo que no. Si sabes que no puedes o no quieres hacer algo, di "lo siento, no puedo ayudarte con esto". Eso es mejor que decir "lo siento, ahorita no puedo ayudarte con eso", porque entonces la otra persona puede cambiar la fecha y volver a pedírtelo. Sólo di "ahorita no puedo ayudarte con eso" cuando en verdad quieras hacer lo que te están pidiendo.

Aquí tienes algunas guías para ayudarte cuando sea absolutamente necesario responder con un "no" contundente:

- Aprovecha la empatía: "Quisiera poder ayudarte, pero no puedo".
- Negocia: "Aunque no puedo ayudarte a cuidar a tu bebé este fin de semana, ¿hay algo más que pueda hacer para aligerarte la carga? Soy muy buena generando ideas o haciendo llamadas telefónicas".
- Discúlpate por no poder ayudar, pero ofrécete para ayudar a encontrar alguien que esté disponible y que sea adecuado para el trabajo.
- Simplemente di que no. A veces, mientras menos mejor.

Entonces ¿cómo decir que no? Aquí hay algunas situaciones hipotéticas para ilustrar cómo sería:

Profesora:	"Señora Matlen, ¿podemos contar con usted para que nos ayude a supervisar los niños en el autobús para nuestra excursión al zoológico? ¡Estoy segura de que los niños la adorarán!"
Señora Matlen:	*(Pensando "Con mis hipersensibilidades, de ninguna manera podría soportar estar en un autobús con cuarenta niños gritando. Me aventaría por la ventana".)* "Lo siento, pero no puedo. ¿Por qué no le preguntas a Sally Sanders?"
Jefe:	"Janet, me gustaría que te unieras al comité financiero. ¿Puedes añadirlo a tu calendario?"
Janet:	"Claro, me encantaría ayudar en lo que pueda. Antes de añadirlo a mi calendario, ¿podríamos revisar los objetivos para que pueda replantear las prioridades de mis otros deberes?"

Ahora ya sabes cómo librarte de las exigencias externas. A continuación, hagamos una introspección para aprender a tomar decisiones con tu salud y bienestar en mente.

Alimentos inteligentes

La más básica de las necesidades personales es el alimento. Hay algunas comidas que pueden alimentar el cerebro o agravar los síntomas del TDAH. A pesar de que la poca investigación que se ha hecho sobre la dieta para el TDAH ha tenido resultados contradictorios, muchos expertos en salud están de acuerdo en que los alimentos pueden afectar el funcionamiento del cerebro en general. En el artículo publicado en *WebMD* llamado "ADHD Diets"

("Dietas para el TDAH") (2012), el Dr. Daniel Amen, especialista en salud cerebral y experto en TDAH, recomienda comer proteína (por ejemplo, huevos y pollo) en la mañana para mejorar la concentración, reducir el consumo de carbohidratos (por ejemplo, azúcar de mesa), comer más carbohidratos complejos (por ejemplo, bayas) y añadir alimentos ricos en ácidos grasos omega-3 (por ejemplo, salmón). También recomienda tomar diario un suplemento de vitaminas y minerales.

En general, consumir ciertos alimentos antes de irte a la cama puede ayudarte a dormir; el insomnio es un problema común en los adultos que padecen TDAH. Por ejemplo, de acuerdo con el artículo llamado "Food and Sleep" ("El alimento y el sueño") (Fundación Nacional del Sueño, 2009), combinar una proteína con un carbohidrato, como queso con galletas, o crema de cacahuate y pan, puede causar la suficiente somnolencia para ayudarte a conciliar el sueño. En otro artículo de *WebMD*, Lisa Zamosky (2009) afirma que este efecto también se puede producir cuando el triptófano, un aminoácido que se encuentra en el pollo y en el pavo, se combina con un carbohidrato.

Si estás a punto de tomar un vaso de leche para caer en un sueño profundo, tal y como tu mamá te lo aconsejó toda la vida, tal vez te interese saber que, de acuerdo con un artículo del *New York Times* escrito por Anahad O'Connor (2007), no hay nada en la leche que induzca el sueño; es más bien la tibieza de la bebida o la dulce memoria inconsciente de quedarnos dormidos con el biberón cuando éramos bebés lo que ayuda. Independientemente de la investigación, si te funciona y es seguro, ¡inténtalo! Es cierto que los alimentos pueden hacerte sentir mejor o peor, pero ¿qué más puedes hacer para sentirte mejor y equilibrar tu vida?

Equilibra toda la actividad con tu descanso

Puedes, literalmente, agotar tu cuerpo si trabajas como motor y no te detienes ni te tranquilizas. Es difícil encontrar desahogos saludables para la hiperactividad, ya sea física, cerebral o ambas. Por ejemplo, la adicción poco saludable a la computadora o a las compras puede alimentar de manera momentánea tu necesidad de estímulo, pero estas conductas son insostenibles a la larga. ¿Cómo equilibrar tu necesidad de estimulación con tu necesidad de relajación?

Diversión en extremo estimulante (con moderación)

La noción de que sólo aquellos que son del tipo de TDAH hiperactivo/impulsivo ansían la estimulación es incorrecta. Quienes presentan el tipo de TDAH inatento tal vez sean físicamente perezosos o prefieran actividades tranquilas, pero muchos de ellos tienen cerebros hiperactivos que también ansían la estimulación. Algunas estrategias saludables te pueden ayudar a evitar la monotonía del aburrimiento.

Muchas mujeres (al igual que muchos hombres y niños) que padecen TDAH han descubierto que el ejercicio es uno de los "tratamientos sin medicamento" más confiables y saludables para relajarse y concentrarse. El médico John Ratey, profesor de psiquiatría clínica adscrito a la Facultad de Medicina de Harvard, experto en TDAH, autor de *Spark: The Revolutionary New Science of Exercise and the Brain* (*Destellos: la revolucionaria nueva ciencia del ejercicio y el cerebro*) y coautor de *TDA: Controlando la hiperactividad*, afirma que "el ejercicio es la herramienta más popular que tenemos para optimizar el funcionamiento de nuestro cerebro... El ejercicio no sólo nos hace más inteligentes, sino que también reduce el estrés, la depresión y la ansiedad" (Matlen 2008).

Aunque el ejercicio es importante, a veces parece imposible tener una rutina. Entonces, ¿qué hacemos? Apóyate en tu vieja amiga, la agenda, y anota los días y el horario en que harás ejercicio.

Los horarios son una parte odiosa pero necesaria al lidiar con tu TDAH, así que considera integrar estas actividades como parte del tratamiento general contra tu TDAH para sentirte bien.

- Sal a caminar antes de acostarte si crees que esto te ayuda a relajar.
- Pasa media hora en espacios verdes al aire libre todos los días. La naturaleza estimula al cerebro pero tranquiliza el alma. Kuo y Taylor (2004) han publicado investigaciones que demuestra que esto ayuda a los síntomas del TDAH.
- Muchas mujeres dicen que la actividad sexual les ayuda a recuperar energía y al mismo tiempo a dominar la hiperactividad y la impulsividad.
- La música es una forma excelente de ponerte en marcha y es una fantástica herramienta para motivarte para cumplir con tus deberes.
- Pasar el rato en ambientes de mucha energía como cafeterías, conciertos, eventos deportivos y demás puede servirte para alimentar tu necesidad de estimulación.
- La goma de mascar es un excelente sustituto del cigarro y puede ayudarte con la concentración y el exceso de energía o ansiedad.
- Los *fidgets* (juguetes para apretar o manipular con las manos) son muy buenas herramientas para liberar la hiperactividad, al mismo tiempo que te ayudan con la concentración.

Por otra parte, tal vez buscas actividades que te tranquilicen en lugar de acelerarte. Aquí hay algunas ideas a considerar.

Sí, dormir es una forma de relajación necesaria, pero existen maneras de ayudar al cuerpo estresado. Dos alternativas útiles son la medicación y las vacaciones.

La meditación es conocida por acallar cuerpo, mente y alma. Tal vez insistas en que es imposible permanecer quieta durante veinte minutos al día (¡aunque podrías sorprenderte!). Si es ése el caso, intenta meditar mientras caminas o bailas; así, tu cuerpo estará en movimiento pero tendrás los beneficios de la meditación para tranquilizarte. Meditar mientras caminas te permite estar en el presente a la vez que te desplazas. Meditar mientras bailas hace uso del ritmo y del movimiento a través del baile expresivo para lograr un estado de conciencia.

El yoga, aunque muchas veces es evitado por mujeres que padecen TDAH por ser demasiado silencioso o pacífico, puede ser muy efectivo para reducir el ritmo cotidiano además de hacerte sentir bien. Hay muchos tipos de yoga; tal vez una versión activa, como la variedad *Ashtanga*, sería más adecuada para ti. El yoga te enseña a respirar profundamente, lo que modifica la química del cuerpo y te relaja.

Las vacaciones regulares son *necesarias* (otro beneficio) para un autocuidado óptimo, pero necesitas encontrar el tipo de vacación que funcione para ti.

Un viaje sin estructura en donde no hay nada planeado (como las vacaciones en la playa) pueden ser reconfortantes para alguien que no padece TDAH, pero para quienes presentan TDAH hiperactivo, podría incluso ser causa de ansiedad porque sentarse sin hacer nada es muy difícil, y podría desatar el factor aburrimiento. Sin embargo, para otros que padecen TDAH, sobre todo para los inatentos, la idea de pasar tiempo en un área silenciosa con un buen libro puede ser la mejor opción. Encontrar un equilibrio entre la actividad y el descanso podría ser un plan de vacaciones más satisfactorio.

Sería genial que tan sólo pudieras escaparte cuando el estrés se manifiesta, pero evidentemente eso es imposible. Sin embargo, hay formas de crear una zona de confort en tu propia casa para retirarte cuando necesites un lugar de recuperación o tranquilizarte.

La zona de confort para el tdah de Terry

Se ha escrito muy poco con respecto a la sobrecarga sensorial en adultos que padecen TDAH, pero tú sabes muy bien de qué se trata porque todo el tiempo luchas contra el agobio. Considera establecer una "zona de confort" en tu recámara o en alguna otra área tranquila de tu casa (una recámara adicional sería lo mejor) donde puedas relajarte cuando te sientas sobreestimulada, estresada o necesites un tiempo fuera para recuperarte. Las siguientes son sugerencias para estimularte y que construyas tus propias ideas, porque lo que es reconfortante para una persona podría ser molesto y desagradable para otra. Toma en cuenta cada uno de tus sentidos y qué necesitas para calmarlos.

Visual:

- Trae la naturaleza a casa con plantas y flores; siempre es relajante.
- Cuelga fotografías, pinturas o posters de escenas naturales o serenas.
- Busca iluminación especial que sea reconfortante (luces de color o de espectro total, lámparas de sal, velas, o la luz natural de una ventana). Tal vez incluso prefieras la seguridad de un cuarto oscuro que se asemeje al útero.
- Instala un pequeño acuario con una luz cálida (el burbujeo del filtro de la pecera y los aireadores también son relajantes para muchas).

- Pinta las paredes con un color reconfortante. A mucha gente le gusta el verde azulado claro que evoca el mar; elige colores de la naturaleza.
- Cuelga posters con frases motivacionales que sean significativas para ti.
- Llena el cuarto con suministros de arte para los escapes creativos.

Táctil:

- Apila cojines suaves en el suelo (o en una silla cómoda) junto con algunas almohadas corporales.
- Compra un trozo pequeño de alfombra o algunos tapetes.
- Coloca espuma elástica en el suelo y cúbrela con un colchón acojinado.
- Ten a la mano almohadas para sostener tu cabeza, hombros y espalda.
- Busca sábanas extra suaves y apílalas para acurrucarte.
- Usa una almohada rellena de semillas para sostener y relajar el cuello.
- Cuelga una hamaca o cadenas en paredes adyacentes (o en el techo) y agrégale almohadas suaves.
- Instala una cama flotante. (Consulta el enlace en <http://ADDconsults.com>.)
- Utiliza una silla columpio que cuelgue del techo o una que tenga su propia base. (Consulta el enlace en <http://ADDconsults.com>.)
- Busca una mecedora para calmarte con su movimiento rítmico.
- Ten una canasta de *fidgets* y otros objetos táctiles para jugar con ellos.
- Invita a tu mascota (perro, gato o conejo) a pasar tiempo contigo. Acariciar un animal es una actividad relajante.

- Incluye a tu muñeco de peluche favorito: ¡nunca se es demasiado viejo para abrazar a uno!

Auditivo:

- Ten a la mano unos audífonos y un iPod cargado de música relajante.
- Reproduce sonidos de la naturaleza en tu laptop o cómpralos para descargarlos en tu iPod.
- Usa auriculares de cancelación de ruido para aislarte de sonidos no deseados.
- Incluye campanas o una pequeña fuente de agua; pueden ser relajantes.

Olfativo:

- Recurre a la aromaterapia; a muchos les ayuda a eliminar el estrés.
- Coloca aceites esenciales en un difusor para un efecto relajante.

Gustativo:

- Arma una pequeña estación de té.
- Coloca en una canasta bonita tus refrigerios favoritos, como chocolates o frutas frescas.

Tu zona de confort personalizada sirve para cualquier "variedad" de TDAH que tengas, pues tanto la hiperactiva como la inatenta necesitan formas de relajarse. La clave es diseñar este espacio sólo para ti e incluir cosas que te hagan *sentir* bien a ti. Si tienes hijos con TDAH, crea una zona de confort para ellos también; déjalos elegir qué les gustaría tener en su zona de confort. ¡Sólo no los dejes apropiarse de la tuya!

Ahora que con seguridad ya te sientes bastante relajada como para dormir tras leer todas estas estrategias reconfortantes, exploremos cómo puedes encontrar la forma de conciliar el sueño por las noches. Sabemos que las dificultades para dormir en general son un problema tremendo para quienes padecen TDAH. Aquí tienes algunos consejos para lidiar con eso.

Dulces sueños

Un sueño adecuado y reparador es imperativo para un óptimo funcionamiento, así como para conservar el equilibrio. Aunque sientas que nunca dormirás bien a menos que tomes una pastilla para dormir, prueba estas estrategias para conciliar el sueño y permanecer felizmente dormida.

Como tu cerebro hiperactivo se rebela justo cuando necesitas que se apague a la hora de acostarte, una forma de dominar tus pensamientos, preocupaciones, cabildeos e ideas creativas es anotar todas tus observaciones con detalles del día en un diario. Ten un cuaderno en el buró y anota todo lo que te preocupa antes de apagar la luz.

Existen otras formas de conciliar el sueño. Puedes comprar una almohada especial que cuente con una tecnología auditiva especial para arrullarte. (Consulta los detalles en <http://ADDconsults. com>.) El ruido blanco o los tapones para oídos son soluciones comunes, pero otros creen ciegamente en los audiolibros. Tal vez tu doctor te sugiera algún medicamento específico para el insomnio. Si ninguna de estas opciones te funciona, considera hacerte un estudio de sueño para ver si existe algún problema médico subyacente que necesite ser tratado.

Ya has hecho todo para sentirte lo mejor posible, pero aún hay más cosas que puedes hacer.

Pide apoyo

Ahora más que nunca, existen recursos disponibles para ayudar a las mujeres que padecen TDAH. Considéralo como parte de tu caja de herramientas para el autocuidado. Pide ayuda, explora tus opciones y date cuenta de que hay cientos de mujeres que, al igual que tú, luchan contra el TDAH. Éstas son algunas sugerencias:

- Lee libros sobre el TDAH. Encontrarás una lista de mis recomendaciones personales en la página web <http://ADDconsults.com>, o busca en línea "mujeres que padecen TDAH."
- Asiste a grupos de ayuda locales. En Estados Unidos, por ejemplo, hay sucursales de CHADD en la mayoría de las ciudades importantes (visita su página web <http://www.chadd.org>).
- Asiste a conferencias locales y nacionales: CHADD y ADDA son las más grandes en Estados Unidos, pero infórmate sobre otras. En <http://www.add.org> y <http://www.chadd.org> puedes consultar las conferencias, talleres y seminarios en línea programados. Consulta <http://ADDconsults.com> para ver otra lista de conferencias y seminarios en línea.
- Busca sitios web con información sólida y objetiva. Puedes encontrar una lista en <http://ADDconsults.com>.
- Busca grupos de mujeres que padecen TDAH en <http://ADDconsults.com>, o en tu localidad. Si no hay ninguno, ¿por qué no comenzar el tuyo propio?
- Habla con los miembros de tu familia y amigos cercanos para que no solamente te comprendan y celebren tus fortalezas, sino que también entiendan y apoyen tus limitaciones.

Leer libros y recibir apoyo e información en conferencias y grupos de apoyo puede ser de mucha ayuda. Sin embargo, algunas veces se necesita una ayuda más específica para estar en equilibrio.

Buscar ayuda externa, a veces incluso de profesionales que entiendan el TDAH y que puedan ayudarte en varias áreas de tu vida, puede ser un regalo del cielo para lograr una vida más ordenada. Recuerda que éstas son necesidades y no lujos:

- Un asesor de TDAH.
- Organizadores profesionales.
- Terapeutas especializados en TDAH.
- Tutores para los niños.
- Niñeras, aunque pases la mayor parte del tiempo en casa.
- Contadores.
- Asistentes virtuales.
- Personal administrativo o asistentes personales.
- Empleadas de limpieza, compañías de mantenimiento del césped.

Consulta una lista de enlaces de contacto de estos recursos en <http://ADDconsults.com>. Si el dinero es un problema, considera el intercambio de servicios.

Todos estos sistemas de apoyo te ayudarán a vivir una vida más tranquila y saludable. Ahora veamos algunas soluciones internas.

Revisa tu estado interior

Poner atención a tu estado interior revelará mucho de ti, te dirá si estás demasiado estresada o en un momento estable. Es importante entenderte a ti misma y conocer cuáles son tus límites antes de que te agobies demasiado y descubras que estás estresada. Tu actitud, lo que te dices a ti misma y tus percepciones te guiarán y te llevarán de vuelta al camino. Al observar hacia adentro y escuchar, aprenderás varias cosas:

- Cuándo y cómo restringirte.
- Cuándo y cómo reducir las expectativas de ti misma, de tu hogar y de tu familia.
- Cómo dejar de comparar tu situación con la de los demás.
- Cómo admitir que tu TDAH es una condición médica válida.
- Cómo verte a ti misma como una mujer capaz y competente que tiene un cerebro con TDAH.

Al leer este libro comenzaste el viaje hacia el entendimiento de tu TDAH. Espero que hayas aprendido más sobre ti misma, sobre cómo te ha afectado el TDAH y lo que puedes hacer para tener una vida mejor, más feliz y más satisfactoria. Te has preparado con información, consejos y estrategias, no para deshacerte de tu TDAH, sino para hacer las paces con él. Naciste con un cerebro así y dejarás este mundo con un cerebro con TDAH. La vida siempre estará llena de desafíos y decepciones, pero puedes elegir aprovechar todos esos recursos internos con los que naciste y los que has adquirido a lo largo de tu vida.

Ahora sabes que está bien buscar y pedir ayuda porque el TDAH es real y crea muchas dificultades. Sabes que recibir ayuda no es una señal de debilidad, sino de fortaleza porque demuestra que has aprendido acerca de tus necesidades y lo que se necesita para tener éxito. Has aprendido a defenderte. La vida no sólo se trata de tus limitaciones sino también de tus talentos y habilidades, igual que para todo el mundo.

Vivir con TDAH en efecto hace que la vida sea más difícil, pero es ahí donde entran los consejos de este libro. Aprende a contactar y a conectarte no sólo con la gente que amas y que te comprende, sino también con tu comunidad de TDAH: personas que como tú viven con TDAH todo el tiempo y están por completo conscientes del trabajo que cuesta salir adelante cada día. Esto te ayudará a normalizar tu experiencia y tal vez incluso a reírte de tus peculiaridades. Recuerda permanecer en tus fortalezas, reconocer tus dificultades y aceptar cada parte de ti. El TDAH no es una sentencia de muerte; sólo es una pequeña parte de quién realmente eres.

BIBLIOGRAFÍA

Alloway, T. 2010. *Improving Working Memory: Supporting Students' Learning*. Thousand Oaks, California: SAGE Publications.

Alvarez, M. 2008. "VA-VA-VA-BOOMER! Hollywood Icon Jamie Lee Curtis Goes Topless for the Cover of *AARP The Magazine* and Dishes on Embracing Her Upcoming 50th Birthday." *American Association of Retired Persons* (AARP) *The Magazine*. Consultado el 5 de junio, 2013. http://www.aarp.org/about-aarp/press-center/info-03-2008/vavavaboomer-hollywood-icon-jaime-lee-curtis-goes.html.

Barkley, R. 1997. *ADHD and the Nature of Self-Control*. Nueva York: Guilford Press.

—. 2010. *Dr. Russell Barkley: ADHD Is Not a Gift*. Consultado el 29 de junio, 2013. http://www.youtube.com/watch?v=4xpE-BE9VDWw.

—. 2011. "The Important Role of Executive Functioning and Self-Regulation in ADHD" Consultada en agosto, 2013. http://www.russellbarkley.org/factsheets/ADHD_EF_and_SR.pdf.

—. 2013. ADHD in Adults: History, Diagnosis, and Impairments (curso en línea). Consultado el 29 de junio, 2013. http://www.continuinged-courses.net/active/courses/course034.php.

Biederman, J., S. Faraone, S. Milberger, S. Curtis, L. Chen, A. Marrs, C. Ouellette, P. Moore y T. Spencer. 1996. "Predictors of Persistence and Remission of ADHD into Adolescence: Results from a Four-Year Prospective Follow-Up Study." *Journal of American Academy of Child Adolescent Psychiatry* 35, no. 3: 343–51.

Bröring, T., N. Rommelse, J. Sergeant, y E. Scherder. 2008. "Sex Differences in Tactile Defensiveness in Children with ADHD and Their Siblings." *Developmental Medicine and Child Neurology* 50, no. 2: 129–33.

Courvoisie, H., S. Hooper, C. Fine, L. Kwock, y M. Castillo. 2004. "Neurometabolic Functioning and Neuropsychological Correlates in Children with ADHD-H: Preliminary Findings." *The Journal of Neuropsychiatry and Clinical Neurosciences* 16, no. 1: 63–69.

Fellman, W. 2006. *Finding a Career That Works for You: A Step-by-Step Guide to Choosing a Career*. 2da ed. Plantation, Florida: Specialty Press.

Ghanizadeh, A. Junio, 2011. "Sensory Processing Problems in Children with ADHD: A Systematic Review." *Psychiatry Investigation* 8, no. 2: 89–94.

Hallowell, E. "Meet Dr. Hallowell—Biography." Consultado el 12 de junio, 2013. http://www.drhallowell.com/meet-dr-hallowell/biography/.

—. 2012. Dr. Hallowell's Blog; "Seven Habits of Highly Effective ADHD Adults," artículo de blog por E. Hallowell, s.f. Consultado el 29 de junio, 2013. http://www.drhallowell.com/blog/seven-habits-of-highly-effective-adhd-adults/.

Hallowell, E., y J. Ratey. 2011. *Driven to Distraction: Recognizing and Coping with Attention Deficit Disorder*. Edición revisada. Nueva York: Anchor Group.

Halverstadt, J. 1998. *A.D.D. and Romance: Finding Fulfillment in Love, Sex, and Relationships*. Boulder, Colorado: Taylor Trade Publishing.

Healy, M. 2009. "Tips for Better Time Management." *Los Angeles Times*, sección de Salud, marzo 9, 1.

Lange, K. W., S. Reich, K. M. Lange, L. Tucha y O. Tucha. 2010. "The History of Attention Deficit Hyperactivity Disorder." *Attention Deficit Hyperactivity Disorders* 2, no. 4: 241–55.

Kuo, F., y A. F. Taylor. 2004. "A Potential Natural Treatment for Attention-Deficit/Hyperactivity Disorder: Evidence from a National Study." *American Journal of Public Health* 94, no. 9: 1580–86.

Matlen, T. 2008. "Dr. John Ratey Discusses Exercise and ADHD in New Book" (blog). Publicado el 27 de marzo, 2008. Consultado el 2 de diciembre, 2013. http://www.healthcentral.com/adhd/c/57718/23174/ dr-john-adhd-book.

Mayo Clinic. N.d. "Early-Onset Alzheimer's: When Symptoms Begin Before Age 65." Consultada el 15 de noviembre, 2013. http://www.mayoclinic.org/diseases-conditions/alzheimers-disease/in-depth/alzheimers/art-20048356.

McCarthy, L. 2009. "Women, Hormones, and ADHD." *ADDitude*, Primavera 2009. Consultado el 10 de noviembre, 2013. http://www.additudemag.com/adhd/article/ 5245.html.

National Resource Center on ADHD, página de Preguntas Frecuentes, "Can a Woman with ADHD Take Stimulant Medication While Pregnant?" Consultada el 14 de noviembre, 2013. http://www.help4adhd.org/faq.cfm?fid=33&tid =97&varLang= en.

National Sleep Foundation. 2009. "Food and Sleep." Consultada el 1 de diciembre, 2013. http://www.sleepfoundation.org/article/sleep-topics/food -and-sleep.

Novotni, M. 1999. *What Does Everybody Else Know That I Don't?*, Plantation, Florida: "Specialty Press".

O'Connor, A. 2007. "The Claim: A Glass of Warm Milk Will Help You Get to Sleep at Night." *New York Times*, 4 de septiembre. Consultada el 1 de diciembre, 2013. http://www.nytimes.com/2007/09/04/health /04real.hml.

Quinn, P. 2002. "Medical Issues for Women with AD/HD: Hormonal Influences." En *Understanding Women with AD/HD*, editado por K. Nadeau y P. Quinn, 86–99. Silver Spring, MD: Advantage Books.

—. 2011. *100 Questions & Answers About Attention-Deficit/Hyperactivity Disorder (ADHD) in Women and Girls*. Sudbury, MA: Jones & Bartlett Learning.

Ratey, N. 2010. "Getting There from Here: Easing Transitions with ADHD," *ADHD Coach* (blog), 17 de junio, 2010. Consultada el 5 de abril, 2013. http://chaddcoach.blogspot.com/2010/06/getting-there-from-here-easing.html.

Smith, J. 2012. "Steve Jobs Always Dressed Exactly the Same. Here's Who Else Does." *Forbes*. Consultada el 15 de septiembre, 2013. http://www.forbes.com/sites/ jacquelynsmith/2012/10/05/steve-jobs-always-dressed-exactly-the-same-heres-who-else-does/.

Solden, S. 2005. *Women with Attention Deficit Disorder: Embrace Your Differences and Transform Your Life*. 2da ed. Nevada City, California: Underwood Books.

—. 2007. "ADHD Mom: The Job from Hell." *ADDitude*, octubre/noviembre, 1–2.

Weber, M., M. Mapstone, J. Staskiewicz, y P. Maki. 2012. "Reconciling Subjective Memory Complaints With Objective Memory Performance in the Menopausal Transition" (extracto). *Journal of the North American Menopause Society* 19(7): 735–41.

Still, G. 1902. "Some Abnormal Psychical Conditions in Children: The Goulstonian Lectures." *Lancet* 1:1008–1012.

Weber, M., L. Rubin, y P. Maki. 2013. "Cognition in Perimenopause: The Effect of Transition State." Extracto. *The Journal of the North American Menopause Society* 20: 511–17.

WebMD. 2012. "ADHD Diets." Consultada el 1 de diciembre, 2013. http://www.webmd.com/add-adhd/guide/adhd-diets.

Zamosky, L. 2009. "The Truth About Tryptophan." Consultada el 1 de diciembre, 2013. WebMD. http://www.webmd.com/food-recipes/features/the-truth-about-tryptophan.

ÍNDICE

La reina de la distracción, de Terry Matlen
se terminó de imprimir y encuadernar en octubre de 2015
en Programas Educativos, S. A. de C. V.
Calzada Chabacano 65 A,
Asturias DF-06850, México